콜드리딩

NAZE, URANASHI WA SHINYO SARERU NO KA?
by ISHII Hiroyuki
Copyright ⓒ 2005 ISHII Hiroyuki
All right reserved.

Originally published in Japan by FOREST PUBLISHING, Tokyo.
Korean translation copyright ⓒ 2006, 2012 by Woongjin Think Big Co., Ltd.
Korean translation rights arranged with FOREST PUBLISHING, Japan
through THE SAKAI AGENCY and B&B AGENCY.

| 전세계 1%만이 사용해온 설득의 기술 |

콜드리딩
COLD READING

이시이 히로유키 지음 | 김윤희 옮김

엘도라도

한국의 독자들에게

진심을 효과적으로 전하는 방법

처음 이 책이 한국에서 출간되고 지금까지 한국의 수많은 독자들께서 사랑해주셔서 무척 감사한 마음을 갖고 있었습니다. 한국에서 열풍을 일으키고 사회에 첫발을 내딛는 사람들에게 커뮤니케이션을 위한 필독서가 되었다는 소식을 접하고 적지 않게 놀랐습니다. 어느 나라의 사람이든 인간관계가 중요한 것은 똑같은 것 같습니다.

그런데 이번에 새로운 장정으로 개정판이 출간된다는 소식을 듣고 더욱 더 기뻤습니다.

초판에서는 기회가 없어서 이 말을 하지 못했습니다. 한국의 독자 여러분! 저는 한국에 대해 특별한 친근감을 갖고 있습니다.

개인적인 이야기입니다만, 저는 젊은 시절에 도쿄에서 태권도를 배웠습니다. 일본에 태권도를 보급하기 위해 한국에서 오신 사범님은 매우 고매한 인격을 가진 분이셨지요. 저희를 참 따뜻하게 대해주셨습니다. 사범님을 지금도 진심으로 존경하고 있습니다. 태권도라는 무술을 넘어 인간으로서의 본연의 자세를 가르쳐주셨습니다. 사범님과의 만남이 없었더라면 지금의 저도 없었을 거라고 생각합니다.

이번 개정판 출간을 축하드립니다.
바라건대, 자신의 진심을 제대로 전달하지 못하거나 나쁜 의도로 접근하는 상대의 말에 쉽게 현혹되는 사람들에게 이 책이 앞으로도 도움이 되었으면 합니다.
《콜드리딩》을 사랑해주셔서 진심으로 감사합니다.

2012년 11월
이시이 히로유키

들어가는 말

당신의 말을 무조건 믿고
따르게 만든다

《콜드리딩》은 점술가, 종교창시자, 심령술사 등 최고의 커뮤니케이션 기술을 가진, 세상 1%의 전유물이자 비밀 병기로 암암리에 알려져 온 콜드리딩에 관한 모든 것이다.

콜드리딩 기술을 처음 세상에 내놓았을 때가 생각난다. 몇몇 사람만 알고 있던 콜드리딩을 좀 더 많은 사람이 자세히 알게 된다면 보다 효과적인 대화를 이끌어낼 수 있겠다는 개인적인 바람이 컸다. 그러나 책을 쓰고 여러 자료를 탐독하면서도 '사람들이 사이비라고 욕하지는 않을까, 결국 속임수라고 손가락질하지 않을까?' 하는 염려와 불안이 머릿속을 떠나지 않았다.

하지만 막상 절대 열어서는 안 되는 판도라의 상자처럼 꽉 닫혀 있던 콜드리딩의 상자가 열리자, 독자들의 폭발적인 반응이 일어났고, 순식간에 베스트셀러에 올라 TV와 잡지는 물론 수많은 언론에 오르내리는 영광을 누렸다. 기존의 커뮤니케이션 기술이나 화술이 단박에 구닥다리 취급을 받게 된 것은 물론이다.

이 책은 실생활에 두루 활용할 수 있는 방법뿐만 아니라 때로 위험 천만할 수 있는 방법까지도 언급하고 있다. 같은 풀이라도 젖소가 먹으면 건강에 이로운 우유를 만들고, 독사가 먹으면 사람을 죽이는 독을 만든다. 콜드리딩도 마찬가지라서 누군가를 속이거나 거짓말을 무마하는 등 나쁜 의도로 사용되기보다 어려움에 처한 사람들을 도와주기 위해 이 놀라운 설득의 기술을 사용해야 한다.

전 국민이 '사주 마니아'라고 해도 좋을 정도로 사람들은 콜드리딩 화법에 귀 기울이고 있지만 이를 악용하는 사람들 때문에 콜드리딩은 늘 음지에서 번식하는 이끼 취급을 받기도 했다. 그렇지만 칭찬이나 예쁜 말만 두루뭉술하게 소개하는 화술책보다 훨씬 현실적이고, 실제 생활에 어려움에 처한 사람들에게 큰 도움이 될 것이라 자신한다.

'신뢰를 쌓아가고 상대의 마음을 열 수 있는 테크닉'이라는 관점에서 이 책은 더욱 현실적이면서도 다소 위험한 기술에 대해 언급하고 있다.

그러므로 이 책에서 소개하는 테크닉은 비즈니스는 물론 일상생활에 이르기까지, 어떤 상황에서도 응용이 가능하다고 할 수 있다. 하지만 어쨌든 범상치 않은 책인 것만은 틀림없다. 그도 그럴 것이 가짜 점쟁이, 혹은 사이비 심령술사들이나 써먹을 법한 '속임수 테크닉'을 익혀서는 뜬금없이 비즈니스나 연애처럼 멀쩡한 인간관계에 활용하려고 하니 말이다.

대체 콜드리딩이란 무엇인가?

콜드리딩은 대화 속에서 심리적인 트릭을 구사해, 생면부지인 상대의 마음을 간파할 뿐 아니라 미래의 일까지 예언하는 것을 의미한다.
  분명히 처음 만나는 사람인데 자신의 과거와 현재는 물론 심지어 미래까지 척척 알아맞힌다고 착각하게 만드는 테크닉이다. 한마디로 내가 고객이나 상대를 만났을 때, 그 순간에만 '점쟁이' 행세를 하는 것이다.
  콜드리딩을 긍정적으로 사용하면 상대로 하여금 '이 사람은 나를 이해해주고 있구나'라고 생각하게 할 수 있다. 그쯤 되면 '신뢰관계'가 구축되는 것은 시간문제다.

  물론 당신은 '점쟁이'라고 하면 퍼뜩 이런 모습을 떠올릴지 모른다.

당신이 지금 어떤 관광지를 여행한다고 치자. 예사롭지 않은 차림새의 사내가 다가와 은근슬쩍 당신의 마음을 떠보기 시작한다. 생판 처음 보는 사람인데, 그는 당신만 알고 있는 어떤 사실까지 족집게처럼 알아맞힌다. 저도 모르게 귀가 솔깃해져 점차 그 사람의 이야기에 빠져들다 어떤 부분에서 무릎을 치고 탄성을 지른다. 그때 이 사람은 "사업이 탄탄대로를 걸을 수 있는 방법을 가르쳐주겠다"라거나 "내가 알려준 방편을 따르지 않으면 큰 변을 당한다"는 말로 당신의 야망과 공포심을 자극한다. 당신의 눈빛이 흔들리는 것을 간파한 상대는 "그런데 해결책을 알려면 10만 원 정도가 필요해. 당신 지금 얼마나 가지고 있지? 오, 딱 10만원이군. 당신 정말 오늘 횡재한 거야!"

이런 상황을 보고 당신은 '나라면 절대 속아 넘어 가지 않을 거야', '이런 등신이 있나?' 하고 욕할지 모르지만 실제로 주위에서 이런 일은 비일비재하고, 또 이렇게 악의를 품고 다가가 어려움에 처한 사람들을 후리는 콜드리더는 의외로 많다. 잊을 만하면 불거지는 사이비 종교 문제도 악용된 콜드리딩의 전형적인 예다. 이들은 어렵고 힘든 문제로 고민하는 사람에게 다가가 속사정을 훤히 들여다보듯 고민을 끄집어내서는, 마치 가족이나 친한 친구라도 되는 양 그럴듯하게 조언을 한다. 그리고 결국에는 모든 재산을 '교단'에 갖다 바치도록 유도한다. 언뜻 들으면 이해가 가지 않을지 모르지만, 슬프게도 이런 피해를 입는 사람들이 끊이지 않는다.

그런데 이토록 사기성 짙은 기술이, 회사업무와 일상생활에 해답을 제시할 커뮤니케이션 테크닉과 대체 어떤 연관이 있다는 것일까?

그 해답은 바로 '신뢰관계'에 있다.

누구나 한두 번쯤은 경험해봤겠지만, 신뢰관계가 형성된 사이라면 상대가 무슨 말을 하고 어떤 행동을 하든지 긍정적인 쪽으로 해석한다. 반면에 신뢰관계를 구축하지 못한 사람은 아무리 진실을 말하고 호의적으로 행동해도 나쁜 쪽으로 받아들여지기 마련이다.

사랑을 예로 들어보자. 단단하게 신뢰가 쌓여 있는 부부는 설령 남편이 바람이 나서 늦게 귀가했더라도 '거래처 접대가 있었어'라고 둘러대면 아내는 그것으로 납득한다. 그러나 그렇지 못한 커플은 정말 접대 때문에 늦었어도 곧이곧대로 믿어주지 않는다.

신뢰관계에서는 거짓말도 진실이 되고 진실도 거짓말이 될 수 있다. 다시 말해 신뢰관계만 구축해 놓으면 나머지는 '당신 뜻대로' 흘러가게 되어 있다는 것이다. 그리고 그 신뢰관계를 만들어가는 기술, 바로 그것이 콜드리딩이다. 그렇기 때문에 콜드리딩이야말로 강력한 파워를 자랑하면서도 위험천만한 기술이다!

콜드리딩의 대화 메커니즘을 적절히 사용하면, 상대는 '그래도 이 사람만큼은 나를 이해해주는구나' 하고 생각한다. 그러면 대화는 자연스럽게 이어지고 두 사람 사이에 신뢰가 싹트면서 결국에는 닫혀 있던 마음의 빗장이 스르르 열리게 되는 것이다.

　최종적인 목적이 수천만 원을 웃도는 도자기를 팔아먹는 것이든, 열심히 준비한 계약상담을 성공적으로 마치는 것이든 아니면 아름다운 여인을 내 사람으로 만드는 것이든, 어쨌거나 상대가 마음을 열기까지 거쳐야 하는 단계는 크게 다르지 않다.

　나는 독자 여러분들이 다소 위험스럽기는 하더라도 열린 마음으로 자극을 즐기면서 편안하게 이 책을 읽어주시기를 바란다. 물론 콜드리딩 테크닉은 비즈니스부터 연애에 이르는 모든 인간관계에 응용할 수 있다는 사실을 명심해야 할 것이다.

다양한 유형의 콜드리더들

콜드리더 전부가 악의를 가진 사람들인가 하면 절대 그렇지 않다.
　오래 되었지만 벨기에의 초심령술사 얀 바르디나 심령술사이자 마술사로 잘 알려진 크레스킨, 일본에서도 한창 유명세를 떨쳤던 유리 겔라 같은 사람들은 엔터테인먼트로서의 초능력 연기로 한 시대를 풍미했던 인물들이다. 물론 그 이면에는 약간의 트릭이 있지만 그것은 영화에서 컴퓨터 그래픽이 차지하는 의미와 같을 뿐이다. 어디까지나 즐거움을 배가시키기 위한 최소한의 장치에 지나지 않는다는 뜻이다.

성격상 그런 입장에 있는 사람들을 멘탈리스트(Mentalists, 정신적인 힘이 강한 사람)라고 하는데, 이들 역시 경우에 따라서는 콜드리딩을 구사하기도 한다. 물론 악의를 가지고 남을 속이려는 것은 아니다. 이들이 추구하는 것은 오로지 쇼 비즈니스(Show-Business, 비즈니스에 쇼를 접목한 사업 형태)를 위한 엔터테인먼트일 뿐이다.

또한 '순수한 영감(靈感)'이 실제로 존재하는가 아닌가에 관한 여러 가지 논의는 차치해두고라도, 적어도 점술사 본인이 자신의 영감을 확신한다면 엄밀하게 말해 그는 콜드리더가 아니다.

그토록 순수한 영감을 가진 점술사를 흔한 말로 '셧 아이즈(Shut Eyes, 잠자는 영혼)'라고 하기도 한다. 하지만 개중에도 무의식적으로 콜드리딩 기법을 사용하는 사람들이 있다.

이 책은 상담을 의뢰한 사람에게 순수한 마음으로 다가가는 진정한 점술가들을 야유하거나 조롱하기 위해 씌어진 것이 아니다. 오히려 나는 개인적으로 물질을 초월한 혼(魂)과 영(靈)의 존재를 믿는다.

그들을 통해 고차원적인 세계를 배워나감으로써, 삶을 고민하고 힘겨워하는 사람들이 좀 더 강력한 의지로 살아나갈 수 있는 해답을 얻기를 바란다.

이 책에서는 콜드리딩을 순수한 심리 테크닉, 그리고 대화 테크닉으로 풀어나가고자 한다. 테크닉 자체에는 어떤 악의도 도모도 없다. 다만 누가, 어떻게 활용하는가 하는 것이 문제일 따름이다.

1부에서는 콜드리딩을 배우기 앞서 반드시 알아두어야 할 '상대의 마음을 자유자재로 움직일 수 있는 간단하면서도 위험한 테크닉'을 소개한다.

2부에는 콜드리딩을 실제로 사용할 때 적용해야 하는 기본 5단계에 관한 해설이 담겨 있다. 이 다섯 단계만 숙지해두면 누구나 기본적인 수준의 콜드리딩을 구사할 수 있다.

3부에서는 콜드리딩을 일상생활 속에 접목시키는 구체적인 방법을 상황별로 소개했다. 말 그대로 '있는 그대로 사용하기만 하면 되는' 테크닉인 셈이다. 부디 실천해보시라.

마지막 4부에서는 아직 어디에도 소개되지 않은 콜드리딩 테크닉을 전격 공개한다. 앞에서도 이야기했듯이 이제까지는 '너무 위험해서' 소개하지 못했던 기술들이다. 특히 맨 뒷부분에 소개할 테크닉에는 누구라도 '전율'을 느끼시리라. 정통파들이 추구하는 화술이나 커뮤니케이션 기술이 어느 정도 몸에 배인 분들에게는 상당 부분 '쇼킹한' 내용일 수도 있겠지만, 너무 선입견에 얽매이지 말고 활짝 열린 마음으로 즐겁게 읽어주시기 바란다.

이시이 히로유키

차례

한국의 독자들에게 진심을 효과적으로 전하는 방법 • 4
들어가는 말 당신의 말을 무조건 믿고 따르게 만든다 • 6

PART 01
콜 드 리 딩
준 비 편

상대의 마음을
사로잡는 기술들

스킬1 : 마음을 컨트롤하는 것은 식은 죽 먹기다 • 21
마인드 컨트롤 실험 | 상대의 잠재의식을 조종할 수 있다 | 판단을 내팽개치는 사람들

스킬2 : 사람을 움직이는 건 잠재의식이다 • 29
잠재의식이 훨씬 강력하다 | 왜 사람들은 비논리적인 것에 더 끌릴까

스킬3 : 상대가 'NO'라고 말할 수 없게 한다 • 33
절대 거절할 수 없는 대화 스킬, 더블 바인드 | 누구나 '보이스 피싱'에 당할 수 있다 | 당신도 지금 당장 써먹을 수 있는 기술

스킬4 : 상대의 반응은 당신의 마음을 비추는 거울이다 • 42
마음이 통하는 방법, 라포르 | 누구나 아는 대화 스킬은 지겨워 | 상대의 반응은 내 마음의 거울 | 처음 만난 사람도 오랜 친구처럼 편안하게 | 2% 부족을 '자신감'으로 채워라 | 자신감은 상대의 눈을 사심 없이 보는 것부터 | 자신감이 없으면 결국엔 들킨다 | 누구나 당신의 생각을 꿰뚫고 있다 | 자신감 부족이 들통 났을 때 능청맞게 이겨내는 법 | 긴장해서 명함을 건네는 손이 떨린다면 | 역시 가장 중요한 것은 상대방에 대한 배려다

PART 02
콜드리딩
기본편

누구나 할 수 있는 콜드리딩 기본 5단계

1단계 : 라포르를 구축하라 • 71

2단계 : 누구나 자신의 이야기처럼 느끼게 하라 • 73

폭넓고 애매하게 설득하는 법, 스톡 스필 | 왜 사람들은 애매모호한 스톡 스필에 무릎을 치는가 | 긍정이 긍정을 낳는다

3단계 : 상대가 품고 있는 고민의 주제를 찾아내라 • 85

진짜 점쟁이 vs 가짜 점쟁이 | 돈, 사람, 꿈, 건강 말고 다른 걱정거리는 없다 | 고민거리의 카테고리를 찾는 방법

4단계 : 고민의 범위를 조금씩 좁혀 나가라 • 95

교묘하게 상대를 떠보는 화법, 서틀 네거티브
눈치 채지 못하게 질문하는 기술, 서틀 퀘스천

5단계 : 미래를 예언하라 • 105

절대 빗나가지 않는 예언, 서틀 프리딕션
범위가 넓고 실현되기 쉬운 예언을 해라

PART 03
콜드리딩
실전편

일상생활에서 바로 사용하는 콜드리딩 활용법

영업 : 한번 고객은 평생 고객이다 • 117
영업에서 활용할 수 있는 콜드리딩 기본 5단계 | 1단계: 고객을 만나기 전에 이미 영업은 시작됐다 | 2단계: 스톡 스필을 효과적으로 구사하라 | 3단계: "어쩌면 이렇게 훌륭하신가요?" | 4단계: 문제의식을 현실로 이끌어내라 | 5단계: 자신에 대한 인상을 깊게 심어라

서비스 · 판매 : 가방 안 멘 방향에 인사하라 • 137
사람의 마음에는 입구가 있다 | 가방 멘 쪽으로 다가오지 마세요

취업 · 면접 : 어떤 인재를 원하십니까 • 142
서틀 퀘스천으로 기업이 원하는 인재상을 찾아라

사교모임 : 나랑 똑같은 게 정말 많네요 • 146
공통화제를 찾아라

회의 · 프레젠테이션 : 손짓 하나로 프레젠테이션의 달인이 되자 • 151
손짓에 답이 있다 | '대박' 아니면 '아무 문제 없음'

거절하는 방법 : 'NO'라고 말할 줄 아는 사람이 되자 • 156
'하지만'의 놀라운 위력 | 담배를 피우고 싶지 않을 때, '하지만' | '하지만', 난 네가 너무 좋아

전화 통화 : 목소리가 얼굴이다 • 163

이메일 : 상대의 이름을 마음으로 되뇌어라 • 167
상대를 따라하면 마음을 얻는다 | 반드시 이름을 불러라 | 단어에 마음을 담아라

PART 04
콜 드 리 딩
고 급 편

남들에게 알려줄 수 없는 콜드리딩 극비 기술들

극비1 : 실수를 대박으로 바꿀 수 있다 • 179
거기, 그 언저리의 기술 | '약간의…'라는 표현을 사용하라 | 다이나믹 포킹 하나면 실수를 대박으로 | 상대의 잠재의식에 믿음을 심어줘라 | 위기는 믿음으로 가는 짜릿한 기회

극비2 : 마음에 따라 몸이 움직인다 • 192
무의식적으로 반응해버리는 관념운동 | 마음을 읽는 것이 아니다 | 다이나믹 포킹에서도 '하지만'의 마법은 통한다

극비3 : 일상생활 속에서 다이나믹 포킹 활용하기 • 198
"…라고 세상 사람들은 말하겠지"

극비4 : 고의적으로 대화를 파괴하라 • 203

극비5 : 어떤 거짓말도 간단히 밝혀내는 방법 • 206
애인의 바람기를 잡아내는 언어 트릭

극비6 : 상대의 기억을 감쪽같이 지워버리는 기술 • 220
상대가 알아챌 수 없는 쵀면 사용법 | 콜드리딩에서 구조적 건망증 활용하기 | 사람은 처음 20분 만에 기억의 42%를 잊어버린다 | 구조적 건망증의 샘플 리딩 | 상대의 스타일을 발견하기 위한 스톡 스필 | 카테고리를 찾아라 | 시간을 되돌려라 | 실수 같은 건 애초에 없었다 | 시간과 노력이 필요한 구조적 건망증 활용

역자후기 마력의 커뮤니케이션, 콜드리딩의 문이 열린다 • 254
부록 상대의 마음을 사로잡기 위해 알아두어야 할 용어 • 256

콜드리딩을 시작하기 전에 알아두어야 할 것들이 있다. 당장 콜드리딩을 어떻게 하는 건지 빨리 배우고 싶은 마음은 이해하지만 우선은 여기에서 이야기하는 것들을 숙지하기 바란다. 상대의 마음을 사로잡을 수 있는 간단하지만 위력적인 기술들이다.

- 마음을 컨트롤하는 것은 식은 죽 먹기
- 사람을 움직이는 잠재의식
- 상대가 'NO'라고 못하게 하는 기술
- 상대의 반응은 당신의 마음을 비추는 거울

콜드리딩 준비편 **스킬 1**

마음을 컨트롤하는 것은 식은 죽 먹기다

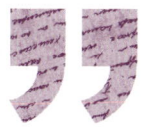

마인드 컨트롤 실험

TV나 세미나 등에서 강의할 때 필자가 자주 하는 실험이 있다.

"제 양손에 A와 B, 두 개의 상자가 있습니다."

필자는 손짓으로 상상 속의 상자 두 개를 표현한다.

"여러분에게 순간적으로 상자 하나를 고르라고 하면, 어느 걸 선택하겠습니까?"

그러면, 예를 들어 "음…, A상자로 할까요" 하는 대답이 돌아온다.

나는 틈을 두지 않고 묻는다.

"선생님은 어째서 A를 선택하셨습니까?"

"글쎄요, 그냥 뭐 아무렇게나…"

이쯤 되면 필자는 의미심장한 미소를 지으며 고개를 끄덕인다.

"선생님은 지금 자신이 A상자를 골랐다고 생각하시는군요."

"당연한 것 아녜요?"

"아쉽게도, 엄밀히 따지면 선생님 생각은 틀렸습니다. 정확히 말하면 '제가' 선생님께서 A상자를 고르도록 만든 거죠."

이쯤 되면 사람들은 대개 "당신이 나에게 A상자를 고르게끔 만들었다고? 대체 무슨 소리야?" 하고 발끈한다. 하지만 실험 참가자 대부분이 이 간단한 '마인드 컨트롤' 실험에 속아 넘어간다.

물론 이 실험은 당신도 아주 간단하게 시도해볼 수 있다. 상대가 어떤 저항도 하지 않고 당신이 바라는 상자를 고르도록 할 수 있다는 것이다!

진실은 이렇다. 이 실험의 비밀은 '상상 속의 상자'를 손짓으로 표현하는 그 순간에 있다. 나는 왼손을 들어 보이며 "여기에 상자 A와…" 하고 말하고, 오른손을 올리면서는 "상자 B가 있다고 상상해 봅시다"라고 말했다. 그런 다음 일단 양손을 내리고, "순간적으로 상자 하나를 고르라고 하면, 어느 걸 선택하겠습니까?"라고 말할 때 '순간적으로'라는 부분에서 왼손을 번쩍 들어올려 A상자의 위치를 다시 한번 일깨웠던 것이다.

실제로 이렇게 사소한 손동작 하나만으로도 상대의 잠재의식 속에는 'A상자'의 이미지가 아로새겨진다. 따라서 순간적으로 뭔가를 선택해야 하는 상황에 몰리면 저도 모르게 'A상자'를 떠올린다는 것이다.

물론 스스로는 이 사실을 전혀 인식하지 못한다. 그래서 A상자를 고른 까닭을 물으면 "글쎄요, 그냥 뭐 아무렇게나…"라는 옹색한 말만 주워 담게 된다는 것이다.

상대의 잠재의식을 조종할 수 있다

사람들에게 커뮤니케이션에서 잠재의식이 차지하는 중요성을 간단하고 알기 쉽게 이해시키려면 이만한 데몬스트레이션(Demonstration, 특수한 공개방송이나 공개실험)도 없다. 게다가 누구나 간단하게 할 수 있는 실험이다. 백이면 백, 당신이 원하는 상자를 상대가 골라내도록 할 수 있다. 설령 실험 도중 상대가 당신의 손짓을 뚫어져라 쳐다보지 않는다 하더라도 개의치 마라. 오히려 똑바로 응시하지 않는 편이 나을 수 있다. 본래 잠재의식에는 주변시야 혹은 '눈 안쪽'으로 들어오는 정보가 훨씬 강렬한 인상을 남기기 때문이다.

필자의 경우 지금까지 똑같은 실험을 백 번도 넘게 해왔지만, 언제나 성공률이 99.9%였다.

"그건 A를 먼저 말했기 때문 아니요? 원래 맨 처음 듣는 말이 입속에서 계속 맴돌기 마련이거든."

간혹 이 속임수 아닌 속임수를 파헤치려는 사람 중에는 이렇게 이의를 제기하는 사람이 있을 때도 있다. 그래서 다른 세미나에서 B상자를 선택하도록 했더니 이번에는 "B를 마지막에 말해서 고른 것 아니오? 방금 전에 들은 말이 더 잘 떠오르는 법 아니겠소"하며 토를 단다. 구실은 얼마든지 갖다 붙일 수 있다.

어쩌면 사람들은 필자가 A(혹은 B) 상자를 고르도록 했다는 사실을 일깨워주자, '부지불식간에 내 잠재의식이 상대에게 조종당했다'는 불쾌함과 밑도 끝도 없는 공포가 뒤범벅돼 어떻게든 핑곗거리를 만들어내고 싶어지는 것인지도 모른다.

곰곰이 생각해보면, 사람들이 이 실험을 사실로 받아들였을 때 두려워하는 것은 당연한 노릇이다.

예를 들어 영업직원이 고객에게 두 장의 계약서를 내밀며 묻는다.

"일시불과 할부 중 어떤 걸로 하시겠습니까?"

그 순간 영업직원은 '어떤 걸로'라고 말할 때 고객과 눈을 맞추며 '일시불 계약서'에 살짝 손을 갖다댄다. 그러면 (무슨 일이 있어도 할부로 하겠다고 작정한 고객은 차치하고) '어떤 걸로 하지?' 하고 쉽사리 결정을 내리지 못한 사람은 자연스레 영업직원의 성과급을 더 올려주는 일시불 계약서에 사인을 한다.

　영업직원이 속내를 털어놓지 않는 한, 대부분의 사람은 순전히 스스로 판단해 일시불 계약서를 골랐다고 믿어 의심치 않는다. 하지만 영업직원이 눈을 맞추고 은근슬쩍 일시불 계약서에 손을 갖다대는 모습을 떠올려보라. 이쯤 되면 몸이 약간 오싹해지지 않는가?

　누구나 자신이 의식하지 못하는 사이, 누군가가 의도하는 심리조작에 휩쓸릴 수 있다. 그렇지 않다면 왜 수많은 사람이 생판 얼굴도 모르는 점쟁이의 조언을 철석같이 믿고 부적을 베갯속에 넣는다거나 금쪽같은 재산을 털어 굿까지 하겠는가?

　어떻든 A와 B, 어느 쪽을 먼저 말해도 아무 상관없다. 중요한 것은 내(상대)가 유도한 상자를 상대(나)가 선택한다는 사실이다.

판단을 내팽개치는 사람들

심리학에서는 이렇게 '의식이 미처 손 쓸 틈도 없도록 아무런 느낌도 없는 상태, 지나치게 미묘해서 자연스럽게 지나쳐버리는 상태'를 '서틀티(Subtlety, 신비·불가사의·미묘)'라고 부른다.

　사람들은 "서틀티를 통해 상대의 마음을 움직일 수 있다"고 하면 흔히 점술가나 심령술가 같은 사람이 몹시 능청스런 태도로 곤란한

처지에 놓인 사람의 마음을 손바닥에 올려놓고 이리저리 눙치고 구슬리는 말솜씨 따위만 떠올리기 쉽다.

하지만 서틀티는 고객의 욕구를 또렷하게 꿰뚫어보고 결국 그것을 밖으로 이끌어낼 수 있는 커뮤니케이션 달인들이 자유자재로 구사하는 기술이다.

이 말에 분명 "그 따위 것에 휘둘리다니 그 녀석 머리가 어떻게 된 것 아냐?" 하고 혀를 끌끌 차는 사람이 있을 것이다. 이런 사람에게 '청각을 이용한 서틀티 실험'을 권하고 싶다. 상대는 친구든 가족이든 친한 사람이라면 누구라도 상관없다.

지금 상대는 기분 좋게 휘파람을 불고 있다. 콧노래도 상관없다. 당신은 지금 상대의 휘파람(혹은 콧노래)을 따라 한다. 단 상대의 귀에 들릴락 말락 할 만큼 작은 소리여야 한다. 소리가 너무 작아 전혀 안 들려도 상관없지만, 내가 상대의 휘파람(혹은 콧노래)을 따라 부르고 있다는 사실을 전혀 눈치 채지 못하게 하면서, 아주 조심스럽고 미세하게 입을 맞추는 것이 이 실험의 관건이다. 나는 상대와 같은 노래를 잠시 동안 같이 한다. 그러다 서서히 다른 노래로 바꾼다. 상대도 알 만한 노래면 무엇이든 상관없다. 물론 상대가 눈치 채지 못할 정도의 음량이어야 한다.

잠시 후 어떤 일이 벌어질까?

그렇다. 상대도 당신과 같은 곡을 흥얼거리기 시작한다. 그러면 당신은 의기양양하게 질문을 던진다.

"저 말이야. 너 지금 막 노래가 바뀌었어. 왜 다른 노래로 바꾼 거야?"

"너 무슨 말 하는 거니?"

"네 휘파람 말이야. 좀 전까지 윤도현 노랠 부르더니, 갑자기 딴 노래로 바뀌었잖아."

"어? 그래? 글쎄, 그게… 그러니까."

물론 상대는 '당신이 자신의 콧노래를 바꾸게 했다'는 사실을 전혀 눈치 채지 못한다.

이번에도 아까처럼 "그 따위 것에 휘둘리는 멍청한 녀석이 있다니…" 하고 말할 수 있을까? 더욱이 당신에게 속아 넘어간 그 친구의 머리가 둔한지 명석한지는 누구보다 당신이 잘 알고 있을 텐데 말이다.

대부분의 사람은 음식 앞에서라면 웬만한 영양사 저리 가라 할 만큼 까다롭게 군다. "이거 한우 맞아요?", "혹시 식품첨가물을 넣어 이렇게 먹음직스러워 보이는 것 아녜요?"라는 둥 형사 콜롬보 뺨치는 추리를 하며, 온갖 상상과 걱정으로 따지고 또 따진다.

하지만 위장을 채울 음식에는 이렇게 병적으로 신중하면서, 정작 마음속을 채우는 생각과 의식, 판단 등에는 무서우리만치 둔감하다. 이를테면 TV, 인터넷, 홈쇼핑, 신문, 잡지 등에서 쏟아져 나오는 정보를 마주하면서 당신은 얼마나 신중한 판단을 내린다고 자신하는가?

피가 낭자한 게임, 살인사건, 학원폭력, 비리수사 따위의 사건에 대해 근본적인 근절 대책을 제시하기는커녕 영화처럼 자극적으로 보여주는 데 급급한 뉴스, 무조건 상대방만 헐뜯는 정치판 등을 보면서 당신은 어떤 생각을 하고 있는가? 이것이 우리 마음에 돌이킬 수 없을 만큼 심각한 악영향을 미친다는 사실을 알고 있기는 한가? 콜레스테롤이 비만에 어떤 영향을 미치는지 알고 있는 것만큼이라도.

분명히 말하지만, 대부분의 현대인의 마음은 '완전히' 무방비 상태다. 하물며 의식의 궤도를 벗어나 자신도 모르는 사이 파고드는 서틀티에 대해 '아무리 그래도 나와는 절대 상관없는 이야기야'라고 단언할 수 있는가?

필자부터도 절대 그렇지 못하다고 장담할 수 있다. 현대인이 품고 사는 마음이라는 것은 이미 무장해제된 지 오래다.

그 중에서도 가장 무방비 상태로 노출된 곳에 생존의 메시지를 쏟아부어줄 수 있는 노하우를 터득한 사람들, 그들이 바로 콜드리더(Cold Reader)다.

콜드리딩 준비편 **스킬2**

사람을 움직이는 건
잠재의식이다

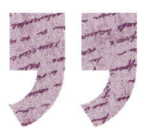

잠재의식이 훨씬 강력하다

결혼식 주례나 축사를 부탁받으면 '어차피 제대로 듣는 사람은 아무도 없을 텐데…' 하고 대수롭지 않게 생각하다가도 막상 자리에 서면 긴장돼 이마에 땀이 송골송골 맺힌다.

· · · ·

아무리 도리질을 쳐봐도, 사랑하는 사람이 자꾸 떠올라 일이 손에 잡히지 않는다.

앞으로 한 발짝만 내밀면 목표에 닿을 수 있는데, 도무지 의욕이 생기지 않는다.

···

누구나 자신의 의사와는 '다른 힘'에 이끌려 행동했던 경험이 한두 번씩은 있었으리라. 여기서 말하는 '다른 힘'은 바로 잠재의식을 가리킨다. 이 단어의 뜻을 제대로 모르는 초등학생 코흘리개 아이라도 마음 깊은 곳에서 치밀어 올라오는 어떤 힘이 있다는 느낌은 어렴풋이나마 깨닫고 있다.

평상시 사람들은 현재의식(現在意識, 감각기관을 통한 이성적 판단과 결정)을 작동시켜 냉정하고 이성적인 사고를 하며 살아간다. 하지만 어느 순간 잠재의식에서 불쑥 충동이 일어나 이성적 사고와 모순을 빚어 현재의식의 논리와는 전혀 상반된 행동을 일삼기도 한다.

굳이 '프로이트'니 '융'이니 하는 심리학자의 견해를 빌리지 않아도 '머리로 생각한 것보다 잠재의식에서 끓어오르는 그 무언가가 훨씬 더 강력하다'는 것쯤은 누구나 일상적인 경험을 통해 잘 알고 있다.

따라서 친구, 연인, 선후배, 가족처럼 사적으로 밀접한 관계든 비즈니스로 만난 공적인 관계든, 상대를 억지로 설득하려고 덤비기보다는 그의 잠재의식에 좋은 이미지를 각인시키는 편이 훨씬 효과적이라는 결론이 나온다.

왜 사람들은 비논리적인 것에 더 끌릴까

"가격이 싸야 날개 돋친 듯 팔리지."

지당하신 말씀.

"멋져야 인기를 끌지."

백번 지당하신 말씀.

하지만 현재의식 수준의 '매력'은 상대를 오랫동안 붙들어 맬 수 있는 결정적인 '힘'이 없다. 한순간에 불붙었다 사그라지는 지극히 일시적인 힘일 뿐이다. 그도 그럴 것이 매력 자체가 상대의 마음 깊은 곳(잠재의식)까지 뿌리내리지 못하기 때문이다.

상대의 잠재의식에 좋은 인상을 심는 것, 다시 말해 상대의 잠재의식을 내 편으로 끌어들일 수만 있다면, 그 매력은 모든 이론과 객관적 논리를 능가한다. 그래서 어떤 상품이 다른 것보다 다소 비싸더라도 사람들로 하여금 꼭 이 상품을 사게 만들 수 있다.

"이 브랜드가 훨씬 비싼데 왜 그걸 굳이 사야 해?" 하고 물으면 사람들은 "그냥 이게 좋잖아" 하면서 정작 스스로도 왜 그런 선택을 했는지 뚜렷한 이유를 대지 못한다. "이 브랜드 제품이 훨씬 좋아. 싼 게 비지떡이라고…"라는 둥 스스로 만들어낸 어떤 구실을 덧붙이는 경우도 마찬가지다. 결국 이 상품은 싼 가격이나 그럴싸한 포장 같은 겉보기(현재의식)를 넘어서, 고객의 잠재의식에 선택할 수밖에 없는 매력을 각인시킨 것이다.

사람 관계도 마찬가지다.

앞에서는 부하직원이 침이 마르고 손바닥이 닳도록 아부를 떨면서 자리만 비우면 헐뜯기부터 하는 상사가 있는가 하면, 그다지 잘 챙겨주는 것 같지도 않은데 부하직원이 진심으로 "저 부장님 말이라면 무조건 따르겠어" 하고 전폭적인 신뢰를 보내는 상사가 있다.

이론과 논리를 뛰어넘는 잠재의식을 건드려 상대를 내 사람으로 만드는 것! 사람들이 비논리적이라고 대수롭지 않게 보면서도 정작 그 말에 솔깃해 따르는 콜드리더의 힘이 바로 이런 것이다.

콜드리딩 준비편 **스킬3**

상대가 'NO'라고 말할 수 없게 한다

절대 거절할 수 없는 대화 스킬, 더블 바인드

서틀티의 한 예로 '더블 바인드(Double bind, 이중구속)'라는 언어 트릭을 소개하려고 한다. 이 기술은 콜드리더뿐만 아니라 심리유도 전문가라면 누구나 무의식적으로 애용하고 있을 정도다.

더블 바인드란 한마디로 상대가 'NO'라고 말하지 못하게 하는 기술이다.

당신이 어떤 부탁을 받았다고 가정하자. 맨 먼저 어떤 생각이 머릿속에 퍼뜩 떠오르는가? 당연히 'YES' 혹은 'NO', 둘 중 하나가 아닐까?

마음이 'YES'라고 대답하면 상대의 이야기를 좀 더 들어줄 테고, 'NO'라면 이제 어떻게 거절할까 궁리하기 시작한다.

이를테면 사람들은 판촉 전화가 걸려오면 '어떤 상품을 팔려고 그러는 걸까?' 하는 궁금증은 눈곱만큼도 없고, 십중팔구 무조건 됐다고 전화를 끊으려고 한다. 당신도 어떤 전화인지 상황 파악을 한 순간부터 어떻게 전화를 끊을까, 이리저리 머리를 굴리지 않았던가?

마찬가지로 일단 상대방의 머릿속에 'NO'라는 깃발이 올라간 이상, 아무리 식은땀을 뻘뻘 흘리며 구슬려봐도 마음을 돌려세우기란 불가능하다.

마음에 두고 있는 상대에게 데이트 신청을 하다고 가정해보자.

・・・

"오늘 시간 좀 있어요?"

"(NO!) 바쁜데요."

"간단하게 차라도 한잔…."

"정말 시간이 없다니까요."

"그럼 언제쯤 시간이 되실까요?"

"글쎄요, 잘 모르겠는데요."

・・・

이렇게 했다가는 십중팔구 거절당하는 것은 물론, 되레 상대방의 머릿속에 'NO!' 'NO!' 'NO!' 하는 글자가 또렷이 새겨진 깃발을 빽빽하게 심어주는 꼴이 되고 만다. 그래서 상대방은 어떤 이야기인지 듣지도 않고 당신이 입만 벌리면 '어떻게 거절할까' 궁리하는 데만 골몰한다.

그렇다면 애당초 'NO'라는 대답을 원천봉쇄할 수 있는 방법은 없을까? 이것이 곧 커뮤니케이션에서 승리할 수 있는 열쇠다!

'NO'라는 대답을 어떻게 막을 수 있을까? 방법은 아주 간단하다. 상대가 'NO'라는 대답을 할 수 없도록 질문하면 된다.

바로 더블 바인드 기법이 이것을 가능하게 한다.

· · ·

"같이 식사할까요, 아님 술 한잔 하실래요?"

"저, 시간이 별로 없어서…."

"그럼 간단하게 차라도 한잔 하죠."

"네? 뭐… 차 한잔 정도는…."

· · ·

"오늘 시간 좀 있어요?" 하고 물어오면 "없어요" 하고 거절할 여지가 생긴다. 하지만 친숙하게 "같이 식사할까요, 아님 술 한잔 하실래요?" 하고 묻는데 다짜고짜 "싫어요" 하고 대답한다는 건 어쩐지 뜬금없어 보인다. 게다가 'NO'라고 대답하는 것은 문법적으로도 어색하다. 상식적으로 생각해도 두 가지 제안 중 어느 쪽이 좋으냐고 물었는데, "아니오"라고 대답할 수는 없기 때문이다.

이런 식으로 더블 바인드 기술을 사용하면 적어도 상대방 머릿속에 'NO'라는 깃발만 펄럭거리게 하는 일은 막을 수 있다. 아마 상대는 무조건 'NO' 모드로 돌입하기보다 한결 '느슨한' 태도로 '뭐, 차 한 잔 정도는 괜찮겠지. 20분 안으로 들어가기만 하면 되니까' 하고 생각을 돌리게 될 것이다.

이렇듯 더블 바인드는 지극히 섬세하면서 주도면밀하게 마음을 움직이게 하는 기술이다. 따라서 '서틀티' 화술의 하나라고 해도 무방한 것이다.

예를 하나 더 들어보자.

"달걀을 깨뜨려 넣은 다음 끓는 물을 붓고 3~4분 정도 기다리세요" 하는 컨셉트의 컵라면 광고가 있다. 이 광고는 소비자에게 대뜸 이렇게 묻는다.

"당신은 라면을 먹을 때, 달걀을 탁 깨뜨리자마자 바로 휘젓는 타입인가요? 아니면 익을 때까지 그대로 두는 타입인가요?"

이 멘트를 듣고 '글쎄, 난 어떤 타입이더라? 아무래도 끓는 라면에 계란을 넣자마자 휘휘 섞어 먹는 게 훨씬 맛있겠지' 하고 반응했다면, 당신은 이미 더블 바인드에 걸려든 것이다.

　당신은 라면에 달걀을 탁 깨뜨려 넣은 후 언제 휘젓는 게 맛있을까 하는 문제보다 "그 회사 라면을 먹을 것인가, 말 것인가" 하는 문제를 먼저 생각했어야 한다. 당신은 이미 그 라면을 선택하는 문제에 있어 'NO'라고 대답할 기회조차 놓치고 말았다. 더 끈질기게 당신의 반응을 분석하면, "어느 회사 라면이나 다 인스턴트긴 마찬가지고, 그나마 타사 컵라면이 제일 맛있었잖아" 하는 평소의 판단까지 송두리째 빼앗겨버린 것이다.

누구나 '보이스 피싱'에 당할 수 있다

'은행계좌 사기(Voice Phishing)'도 마찬가지다.
　사기범들이 안면도 없는 사람에게 무작위로 전화를 걸어 비밀번호나 인증번호를 알아낼 때도 더블 바인드를 사용한다.

· · ·

"고객님 안녕하십니까. 저는 ××은행 ××지점의 ×××라고 합니다. 대단히 죄송합니다만, 지난 달 저희 쪽 전산오류로 고객님 계좌에서 30만 원이 인출되었습니다. 지금 곧 입금해 드리려고 하는데, 계약번호를 다시 한 번 확인하기 위해 연락드렸습니다."

"계약번호… 라고요?"

"아, 네. 계약번호가 생각이 잘 안 나시면 비밀번호로 확인하셔도 상관없습니다만…."

"그래요? 비밀번호는 알고 있죠…. ××××예요."

· · ·

이 대화에서도 사기범은 더블 바인드 원리를 교묘하게 사용하고 있다.

처음부터 비밀번호를 알려달라고 하면 누구나 경계하기 마련이다. 하지만 계약번호니 뭐니 하면서 느닷없이 생소한 용어를 접하면 사람들은 대개 '계약번호라는 것도 있었나? 그게 뭐였지?' 하고 순간 멈칫하게 된다. 그 시점이 바로 사기범들이 노리는 빈틈이다.

이쯤 되면 이해가 가는가?

계약번호가 무엇이든 그런 건 아무래도 좋다. 어차피 어떤 정보도 쉽사리 누설하지 않을 테니 말이다.

하지만 더블 바인드 트릭에 한번 말려들기 시작하면 '계약번호는 잘 모르지만 비밀번호라면 알고 있으니까 말해줄 수 있다'라는 생각이 저절로 고개를 든다. 자신도 모르는 사이 사기범의 주머니에 직접 그것도 아주 친절하게 돈을 찔러 넣어줬다는 사실을 깨닫지도 못하고, 전화를 끊은 다음에서야 "아차, 당했구나!" 하는 후회를 해봤자 이미 승부는 판가름이 났고 버스는 떠나버린 뒤다.

물론 이 책을 읽을 정도의 독자라면 그런 황당한 사기극에 휘말리는 일은 없으리라 믿지만…. 이렇게 극단적인 상황이 아니더라도, 회의나 상담을 할 때 상대방의 페이스에 말려들어 자신도 모르게 "예스"를 해놓고서는 나중에서야 '아차, 이거 야단났네. 내가 뭐에 홀려 예스라고 했을까?'라며 가슴을 쳤던 경험은 누구나 있을 것이다. 아마 상대방 역시 자신도 모르게 더블 바인드 기술을 사용했을 수 있다.

당신도 지금 당장 써먹을 수 있는 기술

더블 바인드를 조금만 의식한다면 당신은 대화를 훨씬 유리하게 끌고나갈 수 있다. 아니 적어도 상대의 페이스에 말려드는 일 없이 냉정하게 판단하고 반응할 수 있다.

더블 바인드의 포인트는 한마디로 '부탁하거나 바라지 않는다'는 것이다. 하지만 어떻게 부탁하지도 않고 내 의도를 관철시킬 수 있을까? 방법은 간단하다. '이 일은 이미 결정됐다'는 사실을 전제로 이야기를 시작하면 된다.

내 쪽에서 부탁하고 매달리는 식으로 이야기를 풀어나가면 상대는 단박에 "싫어요. 안돼요" 하고 반응하기 십상이다. 하지만 내가 매달린 적도 없는데, "미안해요. 좋아하는 사람이 따로 있어요" 하고 대답하는 사람이 있다면, 상대는 원래 뚱딴지 같거나 정신이 살짝 이상한 사람으로 취급당하기 마련이다. 누구나 뚱딴지 같거나 정신이 이상한 사람이 되고 싶어 하지는 않는다.

아무런 부탁도 하지 않으면서, 상대로부터 아무런 반발도 듣지 않고 무조건 예스를 이끌어내는 더블 바인드도 우선 서틀티를 조장해야 한다. 정리하면 이렇다.

· · · ·

① A라는 행위를 부탁한다거나 애원할 필요가 전혀 없다. 이미 그렇게 결정되어 있다는 전제에서 출발하라.

② 그런 다음 A를 실현하기 위한 구체적 방법에 대해 몇 가지 선택 사항을 제시하라.

· · · ·

이것뿐이다. 너무 간단하지 않은가?

앞에서 이야기한 컵라면 광고만 보더라도 ①'우리 회사 컵라면을 먹는 것(A)'은 이미 당연한 사실이라는 전제를 깔고, 소비자가 ②'이제 우리 회사 컵라면을 어떻게 먹을 것인가?'에 대한 구체적인 방법에 초점을 모으도록 유도하고 있다.

소비자에게 다짜고짜 '달걀을 탁 깨뜨리자마자 바로 휘젓는 타입인가? 익을 때까지 그대로 두는 타입인가?' 하고 질문을 던지면, '이 회사 컵라면을 선택해 먹을 것인가, 말 것인가' 하는 문제에 대해 'NO'라고 대답할 기회조차 주지 않은 채 게임은 이미 끝나버린 것이다.

전체 회식이 끝나고 평소 마음에 두고 있던 상대와 둘이서만 이야기를 나누고 싶은 경우도 마찬가지다. ①'지금 이 시간부터는 우리 둘이서 대화를 나눈다(A)'는 사실은 이미 결정됐다는 전제 하에서 ②'식사 할래요? 아니면 술이나 한 잔 하러 갈까요?' 하고 구체적인 선택 사항을 제시하면, 상대는 결국 '지금 이 시간부터는 우리 둘이서 대화를 나눈다(A)'는 사실 자체에는 전혀 반발하지 않게 된다는 것이다.

이것이 바로 NO를 원천봉쇄하는 더블 바인드의 세계다!

콜드리딩 준비편 **스킬4**

상대의 반응은
당신의 마음을
비추는 거울이다

마음이 통하는 방법, 라포르

어떤 영업직원도 고객을 보자마자 "이 제품은 완전히 대박이 났습니다", "100% A/S는 물론 보너스까지 드립니다" 하고 다짜고짜 상품을 소개하지는 않는다. 우선은 세상 돌아가는 이야기나 가벼운 농담 등을 주고받으며 '전희(前戱)' 상태로 들어간다. 그래야만 상담이 순조롭게 진행되기 때문이다.

점술가 같은 콜드리더가 제일 먼저 하는 일도 상담자와 자신 사이에 '라포르'을 구축하는 작업이다. 일반적으로 '친밀한 관계', '신뢰관계' 등으로 번역되는 심리학 용어 '라포르(Rapport)'는 본래의 뜻과 약간의 뉘앙스 차이가 있다.

고문헌에는 라포르를 '정신감응'이라고 풀이하고 있다. 예를 들어 '문득 누군가가 떠올라 생각에 잠겨 있는데 잠시 후 그 사람에게서 전화가 걸려오는 바람에 깜짝 놀랐던' 경험은 누구나 한두 번쯤은 있었으리라. 이렇게 '구체적인 의도나 계획이 없어도 서로 마음이 통하는 것'을 정신감응이라고 한다. 이 정신감응이야말로 라포르의 본뜻에 가장 가깝다고 할 수 있다.

라포르를 일반적인 뜻인 '신뢰관계'로 표현하다 보면 상대방을 떠올려도 왠지 '반드시 납기일을 지키고 실적이 높은 사람', '칼같이 결제를 하고 신용이 좋은 사람'처럼 딱딱한 이미지이기 쉽다. 하지만 라포르가 추구하는 궁극적인 의미는 이러한 경험이나 이론적인 측면이 아니라, 생리적이고 본능적인 반응으로 이해하는 것이 더 정확하다. '어딘지 모르게 성격이 비슷하다'거나 '왠지 마음이 통한다' 같은 느낌이랄까.

이 정도의 관계는 단순한 이론이나 한두 번쯤의 경험으로 이뤄질 수가 없다. 설령 상대가 나와 똑같은 조르지오 아르마니 스웨터를 입고 롤렉스 시계를 차고, 콜드리딩 학회(물론 이런 단체는 없다)가 수여한 인증서를 액자에 담아 벽에 수두룩하게 걸어놓았다고 하더라도, 서로 정신감응이 이뤄지지 않는다면 영원히 남남일 수밖에 없다.

누구나 아는 대화 스킬은 지겨워

커뮤니케이션을 주제로 한 책에 자주 등장하는 기술 가운데 '미러링(Mirroring, 반사·반영)' 또는 '매칭(Matching, 조화·걸맞음)'이라는 기술이 있다.

이는 마치 거울을 보는 것처럼 상대와 똑같이 행동하는 것이다. 상대가 커피잔을 들면 당신도 따라들고, 상대가 귀를 만지면 당신도 귀를 잡는다. 물론 '원숭이 흉내 내기'가 되지 않도록 주의하면서 자연스럽게 상대의 일거수일투족과 매치시켜 나간다. 그런 행동을 일정 기간 반복하다 보면 상대가 무의식적으로 '이 사람은 나와 통한다. 비슷하다' 하고 생각하게 된다는 것이 기존의 심리 기술이다.

실제로 이 기술은 효과가 있었다. '있었다'라고 과거형으로 표현한 이유는 현재 대부분의 사람이 이 커뮤니케이션 기술의 효과를 인정하고 있고, 나 역시 경우에 따라 이 기술을 사용하고 있기 때문이다. 이 정도 유명세라면 너도나도 이 기술을 알고 있기 때문에, 당신이 아무리 교묘하게 미러링을 시도해도 상대는 눈치를 챌 수밖에 없다. 눈치를 챈다는 것은 더 이상 상대의 잠재의식에 영향을 미칠 수 없다는 이야기다.

커뮤니케이션이 인간의 의식을 자극하는 수준이 되면 정신감응을 추구하는 라포르는 성립되지 않는다. 어떻게 해서든 상대가 의식하지 못하도록 라포르를 시도해야 한다. 그러려면 지금부터 일반적으로 알려져 있지 않은, 이 책에서만 소개하는 오리지널 라포르 기술에 주목해보자.

막상 뚜껑을 열어보니 너무 간단해 "잔뜩 기대를 부풀려놓더니 이게 뭐야! 누구나 알고 있는 거잖아!" 하고 비웃는 사람이 분명 있을 것이다. 하지만 지레 실망하지 말고 꼭 행동으로 옮겨보기 바란다! 그 가공할 만한 효과에 입을 다물지 못할 것이다.

상대의 반응은 내 마음의 거울

사람에게는 상대의 태도를 보고 자신의 행동 방향을 결정하는 성향이 있다. 이런 의미로 본다면 '상대의 반응은 내 마음을 비추는 거울'이라고 해도 과언이 아니다. 즉 상대가 마음을 열지 않는 것은 우선 당신 자신이 마음의 문을 닫고 있다는 증거다.

결국 상대와 나 사이에 라포르를 형성하려면, 무엇보다 자신을 설득하는 것이 가장 중요한 작업이라는 결론이 나온다. '이 사람을 만날 때만큼은 정말 내 마음을 열고 있다'고 끊임없이 자신의 잠재의식을 설득해보라.

커뮤니케이션 관련 서적들을 들여다보면 하나같이 이런 구절이 씌어 있다.

• • •

사람을 만나러 가기 전에 마음속으로 '나는 이 사람을 좋아해. 분명히 오늘 만나는 사람을 좋아하게 될 거야…' 하고 계속 되뇌어보라.

• • •

하지만 정말 좋아하는 사람을 만나면서 굳이 '나는 이 사람을 좋아해'라며 자신을 설득할 필요가 있을까? 그 사람을 만날 때마다 번번이 이런 말을 되새김질한다면 되레 '솔직히 나는 이 사람을 좋아하지 않아. 더 이상 만나고 싶지도 않아'라고 자기암시를 거는 꼴이 되고 만다. 거듭되는 암시가 잠재의식 속으로 파고들면 급기야 '이 사람이 싫어'라는 인상이 강하게 각인될 뿐이다. 안타깝게도 그런 마음은 고스란히 상대에게 전해진다.

처음 만난 사람도 오랜 친구처럼 편안하게

말을 통한 암시에는 함정이 있다. 컨디션이 좋지 않아 병원에 가서 방사선 촬영을 했는데, 담당 의사가 지나치다 싶으리만치 "괜찮습니다. 아무 이상 없어요. 절대로 아무 일 없을 테니 걱정 마세요"라며 같은 말을 반복하는 통에 오히려 더 불안해진 적은 없는가?

끊임없이 말로 자기암시를 하는 것도 안 되고, 이것도 안 되고, 저것도 안 되고…. 그렇다면 도대체 어떻게 해야 자신의 잠재의식을 '나는 이 사람과 함께 있는 것 자체가 너무 즐겁고 행복해'라고 설득할 수 있을까?

당신이 신참 영업직원이라고 가정하자. 난생 처음 약속을 잡고 고객을 방문했다. 고객을 마주했을 때, 처음 만난 사람이라고 주눅 들지 말고 오히려 스스럼없는 사이인 것처럼 두 손을 쭉 펴서 어깨를 감싸는 상상을 하라. 아주 리얼하게 마치 그 사람의 어깨를 감싸고 있는 것 같은 바로 그 감촉으로 고객에게 이런저런 이야기를 건네기 시작한다.

명심해야 할 것은 손을 뻗어 고객의 어깨를 감싸는 모습을 시각적 이미지로 떠올려서는 안 된다는 사실. 오로지 몸의 감각만을 이용해 상상하고 느끼도록 해야 한다.

물론 고객의 어깨를 감싸고 상담하는 일은 있을 수 없다. 하지만 누구나 자유롭게 상상의 나래는 펼 수 있다. 이미 알고 있겠지만 잠재의식은 실제 체험과 아주 구체적인 상상으로 꾸며낸 체험을 구별하지 못한다. 다시 말해 잠재의식은 현실과 가상세계를 분간하지 못한다. 따라서 잠재의식은 고객의 어깨를 감싸고 있다는 상상만으로도 이렇게 반응한다.

'우와, 내가 이 사람 어깨에 손을 올리고 얘길 나누고 있잖아. 우린 정말 죽이 잘 맞는가봐. 내 마음을 다 털어놓고 말았어. 이젠 우리는 좀 더 스스럼없는 사이가 돼도 좋겠어.'

거듭 말하지만 내가 말하는 실험이 우스꽝스럽다고 귓등으로 흘려 듣지 말기 바란다. 뒤통수만 긁적이지 말고, 꼭 한번 이렇게 시도해 보라. 몸의 촉감을 상상하며 자기암시를 하면 상대의 마음을 확실히 움직일 수 있다. 당신이 이렇게 마음을 열면 상대도 마치 기다렸다는 듯 마음의 빗장을 활짝 열어줄 것이기 때문이다. '상대의 반응은 당신의 마음을 비추는 거울'이므로 말이다.

2% 부족을 '자신감'으로 채워라!

앞에서 말했듯이 라포르는 '나부터 편안한 마음가짐으로 상대를 대해, 상대도 나를 친근하게 여겨 마음을 열게 만드는 기술'이다. 하지만 상대방이 당신을 전적으로 믿고 의지하도록 하는 강력한 라포르를 구축하고 싶다면, 단순히 상대가 긴장하지 않고 편안해 한다는 것만으로는 어딘지 모르게 아쉬운 감이 있다.

물론 편안함도 중요하다. 조금이라도 긴장한 상태에서는 서로 경계의 끈을 늦추지 않기 때문에 절대 마음을 열 수 없다. 그렇다고 편안한 분위기를 만든답시고 무조건 우스갯소리만 늘어놓았다가는 얕보이기 십상이다.

결론적으로 말하면 상대에게 내 요구를 관철시키려면 '편안함'과 '자신감'의 균형이 중요하다. 상대를 아주 편안하게 해주면서도 스스로는 확고한 자신감으로 똘똘 뭉쳐 있어야 한다. 이것은 전문적인 콜드리더든, 입사 3년차 영업직원이든, 지금 막 연애를 시작한 대학생이든 누구에게나 해당되는 사항이다. 편안함과 자신감을 두루 겸비하면 "이 친구, 정말 독특한 매력이 있단 말야" 하는 평판은 자연스레 따라오기 마련이다.

자신감은 상대의 눈을 사심 없이 보는 것부터

그렇다면 상대에게 내 자신감을 어떻게 표현할 수 있을까?

오늘 처음 만난 고객에게 굳이 말로 표현하지 않더라도 나는 자신감으로 똘똘 뭉쳐 있고 전혀 위축되지 않고 여유로우며, 내가 지금 하는 이야기는 한 점 의혹 없이 진실하다는 인상을 줄 수 있는 기술은 생각보다 간단하다.

그것은 바로 '상대의 눈을 바라보는 것'이다.

잠깐! '뭐야, 또 이렇게 뻔한 이야기였어?' 하고 황당한 표정을 짓고 계시는가? 급하게 먹는 떡은 체하기 마련이다. 조바심 내지 말고 지금부터 필자가 풀어나가는 이야기에 귀를 기울여보라. 당신이 꼬투리를 잡고 싶을 만큼 뻔한 이야기는 결코 아니다.

상대의 마음을 사로잡으려면 그 사람의 눈을 바라보아야 한다는 것은 누구나 알고 있는 상식이다. 하지만 대부분 그것이 엄청난 마이너스 요소가 될 수 있다는 사실은 전혀 눈치 채지 못한다. 실제로 누가 자신의 눈을 빤히 쳐다보면 왠지 거북하고 긴장돼 두 사람 사이에 보이지 않는 벽이 생기는 경우가 적지 않다. 이것은 대부분 자신감 없는 모습을 감추려고 필사적으로 노력한다는 것이 오히려 눈빛에 긴장감으로 나타나 상대를 불편하게 만드는 꼴이 되고 만 경우다. 물론 여전히 많은 사람이 아예 상대와 눈을 제대로 맞추지 못하는 경우도 많다.

중요한 것은 눈을 맞추는 게 문제가 아니라, 제대로 눈을 맞추어야 한다는 것이다. 내가 눈빛을 마주보는 것의 문제점을 거론하면, "그럴 땐 두 눈 말고 코언저리를 쳐다보는 게 좋아요. 그럼 상대는 두 눈을 맞추고 있는 것과 똑같은 느낌을 받죠" 하고 훈수를 두는 사람이 있다.

하지만 아는 사람은 다 알겠지만, 막상 누가 내 코를 쳐다보면, 십중팔구 초점이 흐려질 뿐 아니라 어떤 땐 '저이가 무슨 생각을 하는 거야?' 싶어 불쾌해지기도 한다.

그럼 대체 어떻게 상대를 쳐다보아야 하는가?

상대와 눈을 맞춰도 마음이 흔들리지 않고 당당해질 수 있는 '시선 처리'가 바로 내가 소개하려는 기술이다. 단순히 눈을 맞추라는 것이 아니라, '어떻게 시선을 처리할 것인가?' 하는 이야기는 결코 흔해빠진 이야기는 아닐 것이다.

예전에 한 격투기 잡지 기자와 이런 인터뷰를 한 적이 있다.

· · ·

필자 인간에게는 '의식 방향'과 '무의식 방향'이라는 것이 있습니다. 어떤 사람은 몸 오른쪽이 의식 방향이고 왼쪽은 무의식 방향입니다. 물론 이와 반대인 사람도 있을 수 있죠.

기자 사람마다 다르다는 말씀이시군요.

필자 네, 그래서 상대가 무의식 방향에서 주먹을 날리면 어떤 반응이나 방어를 할 때까지 일정 시간이 걸리기 마련입니다. 따라서 게임에 이기려면 최대한 빠른 시간 안에 상대의 무의식 방향을 찾아내 공격하는 것이 유리합니다.

기자 아, 그렇군요.

필자 예를 들어 왼쪽 하이킥에 자신이 있는 선수가 오른쪽이 무의식 방향인 상대와 시합하면 KO승을 할 수 있는 확률이 아주 높아집니다.

기자 무의식 방향은 반응이 둔하고, 의식 방향은 빠르다는 특징을 이용하면 승률을 훨씬 높일 수 있다는 말씀이네요.

필자 바로 그겁니다. 이 원리는 비단 격투기뿐만 아니라 여러 분야에서 활용할 수 있어요. 전단지 배포하는 것만 보더라도 그렇습니다. 반응이 늦은 무의식 방향으로 주는 것보다 의식 방향으로 건넸을 때 받아갈 확률이 높아지거든요. 마찬가지로 길을 가다 상대의 의식 방향에서 말을 걸었을 때 멈춰설 가능성이 높습니다.

기자 문제는 상대의 무의식 방향을 어떻게 찾아내느냐, 이건데….

필자 물론 관찰 포인트가 몇 가지 있기는 합니다.

기자 겉으로 보기만 해도 판단할 수 있다는 말씀이신가요?

필자 물론이죠. 심리적 경향은 반드시 겉으로 드러나는 법이거든요. 예를 들면 가방을 어깨에 멜 때 보통은 무의식 방향으로 메는 경우가 많습니다. 하지만 가르마는 의식 방향으로 타는 경우가 많습니다. 그래서 오른쪽 이마를 드러내 놓는 사람은 왼쪽이 무의식 방향이라고 할 수 있습니다. 그 외에 몸의 중심이 오른쪽, 왼쪽 중 어느 쪽으로 가 있는가 하는 것도 판단 기준이 됩니다. 즉 중심을 둔 쪽이 무의식 방향이에요.

기자 그런 부분을 종합적으로 관찰하면 무의식 방향을 찾아낼 수 있다는 말씀이시군요. 또 다른 포인트는 없나요?

필자 아주 미세한 부분이기는 하지만, 눈을 깜빡이는 속도도 오른쪽과 왼쪽이 다릅니다.

기자 눈 깜빡이는 것은 양쪽 눈이 같은 것 아닌가요?

필자 얼핏 보면 그렇게 보이지만 유심히 살펴보면 어느 한쪽 눈이 약간 둔하다는 것을 알 수 있어요. 뭐랄까, 다른 쪽 눈에 끌려가는 듯한 느낌이라고 해야 할까요? 어쨌든 깜빡이는 속도가 느리거나 움직임이 둔한 쪽이 무의식 방향입니다. 대화를 나누면서 상대의 눈을 바라보기만 해도 무의식 방향을 알아낼 수 있습니다.

• • •

이야기를 이렇게 장황하게 늘어놓은 이유는 당신의 관심을 끌기 위해서다. 더 정확히 이야기하면 당신이 눈꺼풀의 움직임에 관심을 갖도록 하기 위해서다.

이 인터뷰를 읽고 이렇게 생각한 사람이 분명 있을 것이다.

"어, 재밌는데…. 정말 한쪽 눈꺼풀을 늦게 깜빡인단 말이야?"

이렇게 의문을 품은 사람은 상대를 골라 그 사람의 눈을 가만히 관찰해보기 바란다. 아마 그 순간 당신은 어떤 긴장도 하지 않은 채로 사심 없이 상대의 눈만 바라보는 자신을 느낄 수 있을 것이다.

바로 이것이다. 당신은 지금 상대의 눈을 '마음의 창'으로 바라보는 것이 아니라, '생리학적인 눈'으로 관찰하고 있을 뿐이다. 상대의 두 눈을 이렇게 관찰하는 동안 당신은 자의식에서 멀찌감치 떨어져나왔다. 마치 현미경의 접안렌즈로 세포를 관찰하는 순간처럼 '나 자신'을 완전히 망각한 것이다. 따라서 자의식이 넘쳐 손바닥에 땀이 배거나 눈의 초점이 흔들리는 일 따위는 일어날 턱이 없다.

다시 말해 어느 쪽 눈꺼풀이 느리게 깜빡이는가, 하는 문제는 제쳐두고 언제 어디서든 상대의 눈을 그저 '생리학적인 눈'으로 쳐다보면, 마음이 흔들리거나 어색해지는 일 없이 자연스레 눈을 맞추고 이야기를 이어나갈 수 있게 된다.

이렇게 아주 사소한 의식의 차이만으로도 당신은 아주 자신감 넘치는 '시선 처리'를 할 수 있고, 어떤 이야기에서도 승리할 수 있게 된다.

자신감이 없으면 결국엔 들킨다

사람은 본래 전혀 꿈쩍도 하지 않는 대상을 오랫동안 쳐다보지 못한다.

골프를 예로 들어보자. "골프 그까짓 것, 가만히 멈춰 있는 공을 치기만 하면 되는데 뭐가 어렵다는 거야?" 하고 만만하게 여기는 사람이 제법 있다. 하지만 골프는 바로 멈춰 있는 공을 쳐야 하기 때문에 어려운 것이다. 정지해 있는 것을 다루기 힘들다는 사실을 쉽게 증명할 수 있는 실험이 있다. 지금 당장 아무 움직임 없는 점 하나를 정하고 잠시 동안 그것을 뚫어지게 쳐다보라. 벽에 묻어 있는 얼룩이든, 하얀 노트에 찍힌 볼펜 자국이든 상관없다.

장담하건대 채 1분을 넘기기도 힘들 것이다. 점을 쳐다본 지 얼마 지나지 않아 금세 눈이 시리고 눈동자가 떨리지 않는가?

그렇다면 사람들은 왜 가만히 정지해 있는 것에 오랫동안 집중하지 못할까?

사람들은 꿈쩍도 하지 않는 대상과 마주하면 마음이 조금만 흔들려도 평소보다 훨씬 크게 느낀다. 상대가 어떤 반응을 보이거나 움직이면 내 움직임에 그리 예민해질 필요가 없지만, 상대가 꿈쩍도 하지 않으면, 심리적으로나 신체적으로 실낱같은 변화가 찾아와도 또렷하게 의식할 수밖에 없다.

많은 사람이 점술가 같은 콜드리더에게 설득당하는 것도 이와 같은 이치다. 콜드리더를 찾아가는 사람은 대개 마음의 중심을 잃고 갈팡질팡한 상태다. 설령 "내가 어디 당신 말에 넘어가나 봐라" 하고 다짐에 다짐을 거듭한 사람도, 바위처럼 굳건한 자신감으로 무장해 웬만한 일에는 꿈쩍도 하지 않는 콜드리더 앞에 앉으면 등줄기에 땀이 흐르기 십상이다. 그러다 콜드리더가 예리하게 던지는 말 한마디에 와르르 무너지고 만다.

결국 어떤 대화든 성공적으로 마무리하려면 '나 스스로가 나를 정말 믿고 있는가?' 하는 질문에 분명히 대답할 수 있어야 한다. 좀더 거창하게 말하면 이것이 라포르의 대전제라고 해도 과언이 아니다.

 어떤 보험 세일즈맨이 있다. 그는 오늘 대학 동창의 소개로 한 고객을 만나게 되었다. 막상 약속 장소에 나가보니, 그 고객은 그다지 형편이 좋아 보이지 않는다. 그래서 이 세일즈맨은 여러 보험 상품을 설명하면서도 속으로는 이런 생각을 떨쳐내지 못한다.

 '이 사람한테는 비싼 다보장보험을 팔긴 글렀군. 저렴한 상해보험 하나만 보여주고 말아야지…. 실적을 올려야 하니 어쩔 수 없는 노릇이지.'

 이렇게 생각하는 사람은 어떤 일을 해도 절대 성공할 수 없다. 상대방은 바보가 아니다. 그런 식의 얄팍한 동정심이 섞인 상술쯤은 아무리 둔한 사람이라도 쉽게 알아챌 수 있다.

 적어도 한 회사의 영업직원이라면 자사의 제품이나 서비스에 자기 자신부터 홀딱 반해 있어야 하고, 영업을 담당하고 있는 자신의 부가가치에 절대적인 자신감을 가져야 한다. 그것이 프로 세일즈맨이 갖추어야 할 정신자세다.

 다시 한 번 물어보지만 지금 당신이 하고 있는 이야기를 진정 스스로 확신하는가? 이 질문을 항상 스스로에게 던져라. 그것이야말로 삶을 살아가는 대전제가 아닌가.

누구나 당신의 생각을 꿰뚫고 있다

설령 자신감에 차 있다고 해도 현실적으로 어떤 상황과 맞닥뜨리면 마음이 흔들릴 수 있다. 스스로는 자신감 넘치게 말한다고 생각하는데 저도 모르게 마음이 동요해, 목소리가 떨린다거나 손으로 자꾸 머리를 쓸어 넘기는 행동을 하기도 한다.

이렇게 불안한 마음 상태가 말투나 태도로 탄로 났을 때, 순간적으로 대처할 수 있는 기술이 두 가지 있다. 물론 점술가 같은 콜드리더들이 자주 사용하는 트릭이기는 하지만, 실생활 속에서 겪게 되는 다양한 상황에 응용할 수 있을 것이다.

당신은 세일즈맨이고, 유망고객에게 자사 제품을 설명하고 있다고 가정해보자.

"우리 회사 제품은 중간 유통마진을 완전히 배제했기 때문에, 고객님께서 충분히 만족하실 만한 견적을 제시해드릴 수 있습니다. 성능 면에서도 타사 제품과 비교해볼 때… 최고 수준의(시선을 피하고 만다) … 실력을 자랑하며…."

가격 경쟁력을 설명할 때만 해도 제법 자신만만해 하던 당신은 타사 제품과의 비교로 화제가 넘어가자 불현듯 흔들리는가 싶더니 결국에는 말투와 표정으로 불안함이 들통 나고 말았다. 제품 설명을 꼼꼼하게 챙겨듣고 있던 고객은 순간적으로 당황해하는 당신의 모습을 보고 '어라?' 하는 표정으로 눈살을 찌푸리고 만다.

어떤 일이건 완벽하게 처리하는 베테랑이나 제 얼굴에 밥풀이 묻은 것도 알아채지 못하는 둔재가 아닌 이상, 누구나 살면서 한두 번쯤은 이런 일을 겪게 마련이다. '아차, 큰일이다' 하고 혀를 깨물어본들 이미 물은 엎질러지고 난 다음이다.

한번쯤이야 실수라고 웃어넘길 수 있지만, 이렇게 사소한 일이 하나둘 쌓이다보면 결국 고객은 내가 콩으로 메주를 쑨다고 해도 믿지 않게 되는 것이다.

이런 상황에서 가장 중요한 것이 바로 '컨그루언시(Congruency)'다. 사전에서 '일치', '조화' 따위로 풀이되는 이 단어를 좀 더 알기 쉽게 이야기하자면 '커뮤니케이션에서 말투나 목소리 톤, 표정과 몸짓 등의 모든 요소가 전혀 모순되지 않고 동일한 영역에 있다'는 뜻이다.

이를테면, 일주일 정도 발리로 여행을 다녀온 고객을 만났을 때 입으로는 "우와, 여행 다녀오신 거군요. 진짜 부럽네요. 발리 날씨는 어땠어요? 어디어디 구경하신 거예요?" 하고 호들갑스럽게 떠들어대면서, 벽에 걸린 시계바늘을 연신 힐끔거린다거나 계속 무릎을 떨거나 엉덩이를 달싹이는 사람이 있다. 이렇게 말과 행동이 따로 노는 사람은 제아무리 호탕하게 웃음을 터뜨리고 만면에 미소를 가득 머금고 있어도 고객의 마음을 사로잡을 수 없다. 이미 그 고객과의 거래는 끝난 것이나 다름없다.

이런 상황을 '컨그루언시가 결여되었다'라고 표현한다. 이렇게 말하는 사람의 컨그루언시가 결여되면, 상대는 굳이 안테나를 올리고 당신의 속내를 속속들이 밝혀내려 하지 않아도 단박에 당신의 속내를 알아챌 수 있다. 그러면 고객은 그 순간부터 당신이 미덥지 않다는 마음을 드러낼 것이다.

이렇듯 사람과 사람 사이에는 무의식 세계에서 서로의 미세한 태도 변화를 포착하는 형태로 커뮤니케이션이 이뤄지고 있다는 사실을 명심하기 바란다.

자신감 부족이 들통 났을 때 능청맞게 이겨내는 법

이렇게 태도나 말투에서 머뭇거리거나 나약해진 모습이 드러난다면, 특히 세일즈맨에게는 치명적인 사건이 아닐 수 없다.

자, 이제 이 위기를 어떻게 모면하면 좋을까?

"저희 제품은 중간 유통마진을 완전히 배제했기 때문에, 고객님께서 충분히 만족하실 만한 견적을 제시해드릴 수 있습니다. 성능 면에서도 타사 제품과 비교해볼 때… 최고 수준의(시선을 피하고 만다)… 실력을 자랑하며…. 아, 고객님 대단히 죄송합니다만… 제가 성능비교표를 보내드렸던가요?"

이렇게 하면 당신이 말을 머뭇거렸던 근거가 '타사 제품과의 비교'에 자신 없어서가 아니라, '성능비교표를 보냈느냐 안 보냈느냐?'로 옮겨가게 된다. 다시 말하면 고객은 '아, 이 사람이 말을 더듬었던 이유는 타사 제품과의 성능비교에 자신이 없어서가 아니라, 설명하는 와중에 성능비교표를 보냈는지 안 보냈는지 긴가민가 해서 그랬던 거로군' 하고 생각하게 된다.

이처럼 시간을 약간 당기거나 늦추어서 상대방의 주의를 다른 곳으로 옮기는 방법을 '타임 미스디렉션(Time Misdirection)'이라고 한다.

혹시 잔꾀를 부리시는 분은 '이거 바람 피우는 사람이 제 발 저려서 말을 더듬다가 들통 날 위기에 처했을 때 써먹으면 딱 좋겠는 걸' 하고 쾌재를 부를지도 모르겠다.

긴장해서 명함을 건네는 손이 떨린다면

비즈니스든 연애든 사람과 사람의 만남에서는 첫인상이 가장 중요하다.

처음 만난 사이라도 단 3초면 상대의 마음속에 당신의 이미지가 그려진다. 즉 단 3초 만에 "이 친구는 아주 침착하고 사려 깊구만. 안심하고 일을 맡겨도 되겠어" 아니면 "이 친구는 왜 이렇게 엄벙덤벙하지? 도저히 믿을 수 없겠군" 하는 엇갈린 평가를 받을 수 있다는 것이다. 이것은 당신이 어떻게 노력하느냐에 달려 있다.

어떤 첫인상을 남겨주었느냐에 따라 이야기의 진행도 달라진다. 당신이 어떤 설명을 하다 말문이 막혀 머뭇거릴 때, 좋은 첫인상을 남겼다면 '역시 이 사람은 신중해. 경솔하다거나 서두르는 법이 없단 말이야' 하며 좋은 쪽으로 해석해준다. 하지만 안 좋은 첫인상을 줬다면 상대는 대수롭지 않은 일에도 꼬투리를 잡을 것이다. 첫인상은 그만큼 중요하다.

이러한 이치를 따져보면 쉽게 긴장하는 타입은 대인관계에서 손해가 이만저만이 아니다. 필자에게 상담을 받으러 오는 사람 중에도 명함을 건넬 때 손이 떨린다며 하소연하는 경우가 적지 않다. 이 이야길 듣고 분명히 "그 정도 가지고 상담까지 받으러 간단 말이야? 명함 줄 때 손이 좀 떨리는 게 대수야? 계약 상담에 들어가서만 제대로 해서 계약서에 도장 찍게 만들면 되는 거 아냐?" 하고 발끈할 사람이 분명 있을 것이다.

물론 틀린 말은 아니다. 하지만 아무리 호탕한 배짱과 기개를 가진 사람이라도, 명함을 교환하는 바로 그 타이밍에 걱정하던 버릇이 불쑥 튀어나온다면 어떻게든 계약을 성사시키려고 했던 불타는 의지와 사기가 한풀 꺾이고 말 것이다. 당사자로서는 실로 심각한 문제가 아닐 수 없다.

물론 손 떠는 버릇을 확실히 고칠 수 있는 자기암시법은 있다. 엄밀히 말하면 자기암시로 손 떠는 버릇을 고치는 것은 아니다. 거꾸로 손 떠는 버릇이야말로 자기암시의 결과로 봐야 한다. 간단히 말해 자기암시의 대상을 손이 아닌 다른 것으로 교체하면 이러한 핸디캡은 너끈히 해결할 수 있다. 정말 간단하지 않은가?

보편적으로 생각해보면 손을 떠는 것은 매우 부자연스럽다. 전혀 긴장하지 않고, 두 손을 공손히 모아 명함을 건네는 것이 누구나 하는 자연스러운 행동이다. 이렇게 당연한 이야기를 새삼스럽게 왜 꺼내는 것일까? 인간은 신기하게도 손 떠는 버릇을 골몰하다보면 결국 명함을 건넬 때 손을 떠는 게 더 자연스럽다고 생각하게 되어 있다는 사실을 말하고 싶어서다.

어떤 상황과 맞닥뜨릴 때 손이나 몸을 달싹거리는 원인은 단 한 가지, '나'라는 존재가 지금 처해 있는 상황보다 작게 느껴지기 때문이다. 알기 쉽게 말하면 어떤 상황을 머릿속에 그려보았을 때, '당신이 그 상황을 장악하고 있느냐, 아니면 압도당하고 있느냐' 그 차이인 것이다.

지금 맞닥뜨린 주변 상황보다 나 자신이 '더 가치 있고 대단하다'고 생각하면 절대 손을 떠는 버릇 같은 건 생기지 않는다. 이것은 필자의 이름을 걸고 자신 있게 말할 수 있는 사실이다.

시시콜콜한 근본적인 이유 따위는 더 이상 듣고 싶지 않을 테고, 구체적인 방법을 알고 싶다고? 방법은 간단하다.

  명함을 교환할 때 이렇게 상상해보시라.

  '이 명함은 내 손의 연장, 이 명함은 내 손의 일부라서, 만약 명함 한 귀퉁이를 꼬집으면 정말 아플 거야.'

  그 정도 생각만으로도 명함은 달달 떨거나 요동치지 않는다. 달랑 명함 한 장 때문에 첫인상부터 막심한 손해를 감수해야만 했던 분들은 부디 꼭 한 번 시도해보시기 바란다.

역시 가장 중요한 것은 상대방에 대한 배려다

  필자는 얼마 전, 〈언빌리버블(Unbelievable, 기묘한 능력을 가진 사람과 사연 등을 소개하는 일본 후지TV의 프로그램)〉이라는 TV 프로그램에 콜드리딩 전문가 자격으로 출연한 적이 있다.

  러시아의 투시력 소녀, 나타샤 뎀키나(Natasha Demkina) 양의 특집방송이었다. 겉보기에는 앳되고 순수한 모습의 평범한 19세 소녀였지만, 그녀는 투시력으로 환자의 아픈 부위를 꿰뚫어보는 초능력을 가지고 있었다.

  그녀의 초능력에 관한 내용은 예전에도 TV 프로그램으로 제작되어 엄청난 반향을 불러일으켰다. 신기하게도 그녀는 환자를 훑어보기만 해도 '간에 문제가 있다'거나 '신장이 변형되어 있다'는 등의 증상을 백발백중 알아맞히는 것이었다.

프로그램이 방영되는 내내 "프로그램 제작진이 미리 환자의 정보를 흘린 것 아닌가요?", "외형적인 특징을 보고 질병을 판단하고 있는 것 같은데요?", "상대방의 표정을 살피면서 아픈 부위를 탐색하고 있는 거죠?"라는 내용의 시청자 의견이 빗발쳤다.

나타샤에 대한 의심이 끊이지 않자, 제작진은 속임수나 사기로 의심받을 만한 모든 가능성을 배제하고 다시 한 번 프로그램을 제작해 보고 싶다는 취지에서 내게 출연제의를 해온 것이었다. 내게 주어진 임무는 그 소녀가 어떤 형태로든 콜드리딩을 구사하고 있는 것은 아닌지, 그 가능성을 검증하는 일이었다. 스튜디오 안에는 환자는 물론이고 그들에 관한 정보를 가지고 있는 방송 제작진의 반응이 나타샤에게 전달되지 않도록, 갖가지 장치가 설치되었다.

환자들에게는 헤드폰을 쓰게 해서 초능력 소녀의 콜드리딩이 전혀 들리지 않도록 했다. 물론 나타샤의 탐색전에 반응하지 않도록 하기 위함이다. 그뿐만 아니라 전신이 가려지도록 헐렁한 망토를 입혀서, 외관을 보고 질병이나 건강 상태를 파악할 수 있는 가능성마저 차단시켰다. 특히 마지막 환자 같은 경우는 아예 머리까지 두건을 씌워서, 온몸을 친친 동여맨 것처럼 보일 정도였다. 물론 환자의 정보를 알고 있는 우리 역시 나타샤의 눈에 띄지 않는 곳에 자리를 잡았다.

결론부터 말하자면 나타샤의 투시력은 모든 환자들의 경우에 대해 거의 완벽에 가까우리만치 적중했다. 그리고 예상과는 달리 그 어디에서도 콜드리딩을 사용했을 가능성은 찾아볼 수 없었다.

하지만 나타샤의 모습은 내게 깊은 여운을 남겼다. 나타샤는 투시로 이야기를 마칠 때마다 환자 한 사람 한 사람에게 미소를 지으며 "괜찮으세요?", "힘드셨죠?" 하면서 위로의 말을 건넸다. 특히 망토와 두건을 뒤집어쓰고 몇 분 동안 꿈쩍도 할 수 없던 마지막 환자에게는 투시가 끝나자마자 "어서 이 분 망토랑 두건 좀 벗겨주세요. 세상에, 얼마나 힘드셨을까?" 하며 진심어린 배려를 잊지 않았다.

그것은 한창 실험이 진행되는 와중에도 마찬가지였다.

"우선 확인하고 넘어가야 할 것 같은데요, 이번 경우는 여성이라는 특수성과 관계된 문제라서 약간 망설여지는데, 괜찮을까요? 이 분의 프라이버시와 연관된 부분이기 때문에 분명히 해두고 싶습니다" 하는 식으로 상대방에 대한 존중과 배려 섞인 멘트가 거듭되었다.

그녀의 말 한 마디, 한 마디에는 '개인적인 투시력의 성과를 자랑하기보다 힘든 실험에 기꺼이 협조해주신 분들이 더 소중하다'고 생각하는 그녀의 아름다운 마음씨가 그대로 담겨 있었다. 그래서 '이건 투시력이라기보다 정신감응이군. 라포르가 통하는 사이에 어쩌면 환자의 아픈 부위가 먼저 나타샤에게 말을 걸어오는 건지도 몰라'라는 허무맹랑한 생각까지 들었다.

필자 또한 심리 치료사이기에 나타샤가 환자를 아끼고 존중하는 마음에 깊이 공감할 수 있었으며, 논리와 이치를 뛰어넘어 '이 사람은 진짜다'라는 확신이 들었다. 여전히 인간세계에서는 머리만으로 이해할 수 없는 일이 많이 벌어지고 있다. 하지만 분명한 것은 적어도 '마음이 통하려면 무엇보다 상대를 존중하고 배려하는 마음이 필요하다'는 사실이다. 그런 마음씨를 누릴 수 없는 사람은 아무리 재주가 좋고 기상천외한 테크닉을 구사한다고 해도 커뮤니케이션에 있어 어떤 성과를 기대할 수 없다.

 나탸샤와의 우연한 만남은 다시 한 번 필자의 마음을 다잡는 소중한 계기가 되었다.

High Class | 상대의 마음을 사로잡는 그 밖의 기술

작은 'Yes'가 큰 'Yes'를 만든다

아주 쉬운 부탁을 승낙하게 하면,
좀 더 어려운 것도 설득하기 쉽다.

풋 인 더 도어(foot in the door) 전략

흔히 방문판매원들이 종종 사용하는 '문 안에 한 발 걸치기' 전략. 한쪽 발을 문에 밀어 넣어 문을 못 닫게 하면서 설득하는 것을 말한다. 처음에 아주 작은 부탁을 하면 상대는 어렵지 않게 느끼고 'Yes'라고 한다. 그 이후에 차츰 요구의 수준을 높여나감으로써 종국에 원하는 큰 부탁을 거절할 수 없게 만든다.

"들어와서 둘러보기만 하세요."

쇼핑센터나 전자상가를 지나갈 때면 자주 듣는 말이다. 살 생각이 없더라도 '보기만 하는 건데 어때'라는 작은 'Yes'를 품고 들어갔다가 판매원의 설명을 듣다보면 상품을 구매하고 싶어진다. 나올 때는 물건을 사고 마는

큰 'Yes'를 저지르는 경우가 있을 것이다.

처음 만나는 사람과 친해지는 방법으로 상대가 'Yes'라고 대답할 수 있는 질문을 계속 던지는 것도 효과적이다. 계속 'Yes'라고 대답하는 사이 호의적이고 긍정적인 심리상태로 만들어 버리는 것이다. 사람은 자기 행동의 일관성을 유지하려는 경향이 있다. 한번 'Yes'라고 승낙하면 다음에는 'No'라고 거절하기가 힘들다. 따라서 작은 부탁을 들어준 사람은 그 다음에 하는 큰 부탁도 들어주는 경향이 있다. 심리학에서 '단계적 요청법'이라고 부르는 기법이다.

PART 02

콜드리딩 **기본편**

누구나 할 수 있는 콜드리딩 기본 5단계

앞에서 콜드리딩을 시작할 준비를 마쳤다면 이제부터 본격적으로 콜드리딩에 들어가보자.

다음의 5단계를 따라하면 누구나 쉽게 콜드리딩의 기본을 익힐 수 있다.

- 1단계 | 라포르를 구축하라
- 2단계 | 스톡 스필로 폭넓고 애매하게 설득하라
- 3단계 | 고민거리가 속해 있는 카테고리를 탐색하라
- 4단계 | 고민의 주제를 뽑았으면 범위를 조금씩 좁혀 나가라
- 5단계 | 미래를 예언하라

콜드리딩 기본편 **1단계**

라포르를 구축하라

 사실 콜드리딩을 하는 데 정해진 틀이 있는 것은 아니다. 하지만 크게 5단계로 나눠 설명하면, 일상생활이나 사업을 하는 데 있어 거대한 흐름을 훨씬 쉽게 이해할 수 있으리라고 본다.
 다시 한번 설명하자면 콜드리딩이란 '대화 속에서 심리적인 트릭을 구사해, 생면부지인 상대의 마음을 간파할 뿐 아니라 미래의 일까지 예언하는 것'을 의미한다.
 라포르의 경우 이미 앞에서 자세하게 설명했듯이 가장 중요한 것은 자신에게 암시를 주는 것이다. '오늘 만나는 사람을 분명히 좋아하게 될 거야!' 하고 스스로 잠재의식에 확신을 심어주는 것이 중요

1단계 라포르를 구축한다.
↓
2단계 스톡 스필로 신뢰를 쌓는다.
↓
3단계 고민거리가 속해 있는 카테고리를 탐색한다.
↓
4단계 고민의 주제를 뽑았으면 범위를 조금씩 좁혀나간다.
↓
5단계 미래를 예언한다.

하다.

 다시 한번 강조하지만 '상대방의 반응은 당신의 마음을 비추는 거울'이라는 것을 늘 명심하고 되새겨보라. 상대가 좀처럼 마음을 열지 않으면 그만큼 당신은 더 조급해지고 필사적으로 달려들고 매달린다. 하지만 당신이 상대에게 매달릴수록 상대는 더욱 긴장해서 마음의 문을 닫아버리게 된다. 결과적으로 당신의 의도와는 다르게 역효과만 나타난 것이다. 이런 부정적 연쇄반응을 피하려면 자신이 먼저 편안하고 안정된 상태가 되어 마음을 열어야 한다.

콜드리딩 기본편 **2단계**

누구나 자신의 이야기처럼 느끼게 하라

폭 넓고 애매하게 설득하는 법, 스톡 스필

누구나 인생의 고비나 어려운 선택을 해야 하는 상황에 빠졌을 때는 지푸라기라도 잡는 심정으로 카운슬러, 무속인, 철학자 등 상담전문가를 찾아간다. 사실 이들과 나누는 모든 이야기가 콜드리딩의 범주에 들어갈 수 있다.

사람들은 상담가가 편안한 상태로 먼저 마음을 열어 보이면 자신도 모르는 사이에 서서히 그 사람의 이야기에 빠져들면서 자신의 마음도 열어 보인다.

이것은 콜드리딩에서 가장 초보 수준의 기술인 '스톡 스필(Stock Spiels, 이하 예문에서는 SS)'이다. 스톡 스필을 한마디로 정의하면 '누구나 자신의 일처럼 느끼게 하는 화술'이다. 스톡 스필을 들으면 그 일은 모두 내 일인 것 같고, 모두 다 나에게 해당하는 것 같이 느껴진다.

다음 이야기를 들어보자.

....

철석같이 믿었던 사람한테 배신을 당한 적이 있으시군요. 그 일이 있은 뒤로 당신은 사귀는 사람과 거리를 두는 경향이 있네요. 무조건 신뢰하는 것이 반드시 좋은 것도 아니고, 때로 상대에게 의문을 갖는 것도 필요하다는 것을 깨달으신 거예요.

성급한 판단으로 실패를 경험한 적이 있으시군요. 조금만 더 참고 기다렸더라면 상황이 훨씬 좋아졌을 텐데. 하지만 실패를 통해 깨달은 것도 당신에게는 귀한 보물입니다.

선생님이 하시는 업무 내용으로 미루어 보았을 때, 선생님께서는 현재의 급여에 대해 불만을 갖고 계시는 듯합니다. 자신의 능력과 가치가 객관적이고 정당한 잣대로 평가받지 못하고 있다고 느끼시는 거죠? 충분히 일리가 있다고 생각합니다.

식구 중 한 사람 때문에 걱정이 떠나질 않네요. 그 일이 지금 당신의 두 어깨를 짓누르고 있습니다. 물론 할 수 있는 일은 기꺼이 해오셨겠지만, 당신의 능력으로 해결할 수 없는 부분이 있다는 사실을 인정하세요. 그럴 때는 시간이 흘러가는 대로 맡겨버리는 것이 제일 좋은 방법입니다.

해야 할 일을 뒤로 미루는 편이시네요. 약간 귀찮아하는 버릇이 있어요. 하지만 남들보다 뛰어난 실력을 가지고 계시니까 이제 조금씩 행동으로 옮기시는 게 좋겠어요.

선생님은 직관이 예리한 분이시군요. 난생 처음 만나는 사람의 성격을 한눈에 알아맞힐 정도로 말입니다. 하지만 너무 예민해진 나머지 상대방의 심중을 훤히 꿰뚫어버리는 바람에, 사람을 편하게 만날 수 없는 경우도 있으시겠어요.

당신은 정말 속정이 깊은 사람이네요. 하지만 안타깝게도 그 진심을 전달하는 방법을 잘 모르고 계십니다. 그래서 간혹 오해를 산다거나 차가운 인상을 주기도 하시죠?

최근 들어 경제적인 문제로 힘들어하시는군요.

지금까지 살아오면서 이제는 틀려먹었다고 완전히 낙담한 순간에 극적으로 누군가의 도움을 받은 적이 몇 차례 있으시네요. 당신 주변에는 어떤 형태로든 항상 도움의 손길이 기다리고 있어요.

친구나 동료들이 상담을 많이 해오죠? 선생님께는 누구나 의지하고 싶어 하는 무언가가 있는 것 같습니다.

요즘 들어 기대하고 있던 일이 생각처럼 풀리지 않아 상심한 적이 있으시군요. 하지만 생각했던 것보다 시간이 조금 더 걸리는 것뿐입니다. 너무 초조해 하지 마시고 느긋하게 기다리는 편이 나을듯 싶습니다.

어쩌면 좋은 쪽으로 일이 전개될지 모른다고 은근히 기대하고 있는 부분이 있군요. 아니라고 하지만 다 알 수 있는걸요. 당신 표정에서 희망의 빛을 읽을 수 있답니다.

. . .

어떤가? 여러분도 몇 개 정도는 "맞아, 이거 완전히 내 이야기잖아" 하고 무릎을 치지 않았는가? 경우에 따라서는 "그래, 바로 이거였어!" 하고 심장이 덜컥 내려앉는 기분이 들었을지도 모른다.

왜 사람들은 애매모호한 스톡 스필에
무릎을 치는가

콜드리딩은 글로 주고받는 것이 아니라, 상담가와 직접 얼굴을 마주 대하고 이뤄지기 때문에 그 효과는 훨씬 클 수밖에 없다. 예를 들어 아무리 뜯어보아도 갓 고등학교를 졸업했음직한 사람에게 "월급에 불만이 많군요" 하고 이야기를 건넬 사람은 아무도 없다.

 얼굴을 직접 마주하면 상대의 연령대나 복장, 소지품, 헤어스타일 등을 살펴보고, 그 사람에 걸맞은 이야깃거리와 가장 적합한 스톡 스필을 적절히 뽑아낼 수 있다. 어쩌면 그 효과는 위에서 나열한 문장보다 훨씬 정교하고 극대화될 수밖에 없다.

 따라서 스톡 스필은 최대한 '애매한' 표현을 사용하는 것이 관건이다.

 이를테면 "요즘 경제적인 문제로 힘드시군요" 같은 스톡 스필을 생각해보자. 월세 내는 날짜를 깜빡해 집주인에게 싫은 소리를 들었던 일처럼 어찌 보면 이렇게 하찮은 일도 경제적인 문제이고, 적어도 3,000만 원이 넘는 배당금을 얻을 수 있는 주식을 '아차' 하는 순간에 타이밍을 놓쳐 사지 못한 것도 따지고 보면 엄연히 경제적인 문제에 속한다.

 돈을 벌고 그 돈을 쓰며 살아가야 하는 요즘 사람이라면 누구나 어떤 방식으로든 '돈'에 관한 문제를 한두 가지쯤 안고 있기 마련이다.

 하지만 '경제적인 문제'라는 두루뭉술한 표현 대신 "부동산 투자에 실패하셨죠?" 하고 보다 구체적으로 묻게 되면 적중률은 현저히 떨어질 수밖에 없다.

 가족에 대한 걱정거리도 마찬가지다. 오랫동안 지병을 앓고 있는 아버지가 있을 수 있고, 내일모레 수능시험을 치러야 하는 조카가 있을 수도 있다. 가지 많은 나무에 바람 잘 날 없다고, 천애고아가 아닌 이상 크든 작든 가족에 대해 아무런 문제도 떠안지 않은 사람은 세상 어디에도 없다. 결국 어떤 방식으로든 가족에 대한 걱정을 이야깃거리로 삼는다면 콜드리딩은 꿰어 맞춰질 수밖에 없다.

 결국 가능한 한 여러 상황에 들어맞을 수 있는 애매한 표현을 사용하는 것이 스톡 스필의 핵심이다. 이쯤 되면 당연히 여러 가지 의문이 고개를 치켜들 것이다.

 '정말 이렇게 애매한 표현을 듣고 곧이곧대로 믿는 사람이 있단 말이야. 이런 얘기는 누구나 할 수 있는 거잖아?'

 물론 당사자가 아닌 제3자의 입장에서는 이런 두루뭉술한 이야기에 의심이 생기는 건 당연하다. 하지만 직접 콜드리딩을 당하는 입장이 되면 콜드리더가 하는 말이 미심쩍기는커녕 모두 내 이야기인 것만 같고 마치 내 속이 완전히 까발려진 것처럼 놀라서 입을 다물지 못한다.

'밖에서 지켜보는가, 안에서 이야기를 듣고 있는가' 하는 입장 차이는 그야말로 엄청날 수밖에 없다. 예를 들어 이탈리아 여행을 다녀온 친구를 만났다고 가정해보자. 구릿빛으로 그을린 친구는 자리에 앉자마자 콜로세움, 피사의 사탑, 베니스에서 찍은 사진을 보여주며 30분 넘게 이탈리아 여행을 입에 침이 마르도록 자랑한다. 같은 소리를 연신 반복하는 친구 얘기에 당신은 슬슬 짜증이 치밀어 오른다. 결국 "언제까지 이탈리아 이야기만 할 건데?" 하고 폭발하고 만다.

하지만 만약 당신도 이탈리아 여행을 다녀온 적이 있다면 어떨까? 아마 친구와 이야기를 주고받느라 눈 깜짝할 사이에 두세 시간이 훌쩍 지나가버린 줄도 모를 것이다. 아마 친구와 헤어질 무렵에는 베니스의 리알토 다리에 서 있던 당신의 모습이 스냅사진처럼 눈앞에 아른거리리라.

콜드리딩도 마찬가지다. 누군가에게 상담을 받고 싶은 사람은 결국 '내 이야기'를 들으러 그렇게 아까운 시간과 돈을 투자한 것이다. 이를테면 점술가를 찾아갈 때도 생판 얼굴도 모르는 사람의 신변잡기 이야기나 들으려고 비싼 복비를 내놓지는 않는다는 얘기다.

따라서 제3자가 보기에 애매하고 두루뭉술하기 그지없는 황당한 이야기도 당사자에게는 마치 내 속에 들어와 보기라도 한 것처럼 딱 딱 들어맞는다고 무조건적으로 믿게 된다는 것이다.

결국 상대가 이야기 속에 빠져들기만 하면, 아무리 애매모호한 스톡 스필을 들려줘도 "정말 나한테 딱 들어맞는 얘기잖아!" 하고 무릎을 칠 수밖에 없다. 결론적으로 얼마나 능숙하게 스톡 스필을 구사하느냐에 따라 상대로부터 "이 사람은 정말 날 깊이 이해하고 있구나" 하는 반응을 이끌어낼 수 있다.

사람들은 왜 스스로 정보를 누설하고 마는가?

동서고금, 남녀노소를 막론하고 인간의 최대 관심사는 바로 '자기 자신'이다. 별자리나 혈액형 따위는 아무 상관없다. 세상 모든 사람은 '자기 자신' 말고는 어떤 것에도 그다지 흥미가 없다. 특히 누군가와 얘기를 나눌 때 이러한 경향은 더욱 커진다.

예를 들어 얼마 전 여성잡지에서 '올해 해외에 나갈 운이다'라는 신년운수를 읽었다고 치자. 그때는 그럴 수도 있겠다 하는 정도로 흘려 넘겼는데, 시내에 놀러나갔다 심심풀이로 본 손금풀이에서 엇비슷한 운세가 나왔다면 당장 머릿속의 검색엔진이 기억을 샅샅이 훑기 시작한다. 그러다 점술가가 묻지도 않았는데, "어머, 그러고 보니 한 달 전인가, 부장님이 저보고 해외출장을 갈지도 모른다고 했어요" 하고 스스로 실토하며 신기해하고 만다.

점술가는 당신만이 갖고 있는 손금이라는 설정 속으로 당신을 끌어들인 것이기 때문에, 당신이 처음 가졌던 부정적인 태도는 온데간데 없이 사라지고, 언제 그랬냐는 듯 스스로 콜드리딩 속으로 기꺼이 빠져들 태세를 보인다.

이처럼 콜드리더는 상대를 자신의 분위기로 끌어들임으로써, 상담을 요청한 사람이 '스스로 정보를 제공하도록' 하는 데 성공을 거둔다.

예를 들어 점술가가 "왠지 머릿속에 붉은 색이 떠오르는 군요…" 하고 말했을 때, 점을 보러온 사람은 한창 머릿속을 굴려보다가 스스럼없이 "아, 네. 지난주에 〈레드 바이올린〉이라는 영화를 봤어요" 하고 스스로 정보를 제공한다는 것이다. 사실 일상생활 속에서 빨강과 관련된 것은 얼마든지 있을 수 있다. 월드컵 경기를 보면서 붉은 색 티셔츠를 입었을 수도 있고, 우연히 찾아간 밥집에서 아주 맛깔스런 김치를 먹었을 수도 있고, 인라인스케이트를 타다가 무릎을 찧어 붉은 피가 흘렀을 수도 있다.

정작 본인 스스로 점술가에게 정보를 떠먹여주었으면서도 당신은 다음 날 친구에게 "어제 정말 족집게 점쟁이를 만났지 뭐니" 하고 흥분을 감추지 못한다.

긍정이 긍정을 낳는다

지금까지 스톡 스필을 이용한 콜드리딩의 세계를 살펴봤다. 하지만 스톡 스필 자체는 커뮤니케이션에서 사실상 이렇다 할 파괴력은 없다. 콜드리더가 "철석같이 믿었던 사람한테 배신당한 적이 있으시네요?" 하고 물었는데, 설령 그 말이 맞다고 해도 "그래서 어떻다는 겁니까?" 하고 퉁명스레 대꾸하면 그걸로 그만이다.

라포르를 형성한 뒤 두 번째 단계인 스톡 스필을 반복해서 구사하는 근본적인 목적은 리딩 그 자체보다 '예스 세트(Yes-Set)'를 구축하기 위해서다. 예스 세트란 '상대방의 이야기에 긍정적으로 반응하고 싶어지는 기분'을 말한다. 모임이나 레크리에이션 시간에 참석해서 이런 게임을 해본 적이 있을 것이다.

"쓰레기통을 거꾸로 해보세요."

입담 좋은 사회자의 이야기에 사람들은 제비새끼처럼 한목소리로 말한다.

"통기레쓰."

"그렇죠. 그럼 통기레쓰를 열 번 외쳐봅시다. 자, 하나 둘 셋, 통기레쓰, 통기레쓰, 통기레쓰…."

사람들이 열 번을 외치자 사회자는 이렇게 묻는다.

"그럼 쓰레기통을 거꾸로 하면 어떻게 될까요?"

"통기레쓰."

"아니, 여러분. 무슨 말씀을 하시는 겁니까? 쓰레기통을 거꾸로 하면 쓰레기가 몽땅 쏟아지잖아요."

사람들은 배꼽을 잡고 자지러진다.

같은 말을 여러 번 반복하면 자연히 그 방향으로 흘러가도록 조건이 형성된다. 이런 원리를 전문용어로 '캐널리제이션(Canalization, 물길 내기)'이라고 부르는데, 예스 세트가 추구하는 것도 자신의 이야기를 듣고 상대가 긍정적으로 반응하고 싶어지도록 분위기를 유도하는 것이다.

사람들이 흔히 비즈니스를 할 때, "날씨가 꽤 쌀쌀해졌네요", "요즘 아주 바쁘신 것 같습니다", "귀사에서 지난주에 신상품을 출시하셨더군요" 하고 대수롭지 않게 건네는 이야기가 바로 캐널리제이션 원리를 응용한 사례들이다.

그렇게 물으면 상대는 "네, 날씨가 부쩍 쌀쌀해졌네요", "네, 덕분에 부지런히 뛰어다니고 있습니다" 하고 긍정적인 대답을 할 수 밖에 없다. 일상생활의 사소한 안부를 물었는데, "외투라도 사주실려고요?"라든가 "콩고물이라도 떨어지길 바라는 겁니까?" 하고 퉁명스럽게 대답할 사람은 아무도 없다.

이것이 예스 세트가 노리는 효과고, 굳이 "네, 그렇군요" 같은 대답을 듣지 않더라도, 상대가 수긍한다는 표시로 고개를 살짝 끄덕이는 것 같은 긍정적인 '반응'만 얻어내면 일단 소기의 목적은 달성한 셈이다. 이렇게 사소한 방식으로라도 긍정적인 반응을 거듭하다 보면 상대방의 마음속에는 당신의 이야기를 항상 긍정적으로 받아들이는 물길이 뚫리기 시작한다. 그러면 고객은 당신이 소개하려는 회사 제품의 단점이나 하자보다 장점이나 시장성 쪽으로 자연스레 눈이 가게 된다.

  대화 속에서 스톡 스필이 담당하는 역할도 바로 이런 부분이다. '완전히 내 이야기잖아' 하고 마음을 뒤흔들 만한 이야깃거리가 없는데도, 이렇게 캐널리제이션이 형성되면 '이 사람이 하는 이야기는 모두 옳아'라고 여기는 마음이 자연스레 생길 수밖에 없다. 그래서 어떤 말을 걸어와도 믿음이 생겨 상대가 기대한 사실에서 이야기가 다소 벗어나도 오히려 상대와 '맞는 부분'을 찾으려고 스스로 안테나를 세운다.

콜드리딩 기본편 **3단계**

상대가 품고 있는
고민의 주제를 찾아내라

진짜 점쟁이 vs 가짜 점쟁이

콜드리더라면 상대의 고민거리를 짚어낼 줄 알아야 한다.

용하다고 소문난 점쟁이를 찾아가는 사람이든 미심쩍어하면서도 결국 카운슬러의 도움을 청하는 사람이든, 저마다 사연은 달라도 지금 큰 걱정거리를 떠안고 있어서 조언을 듣거나 이야기를 털어놓고 싶은 마음상태라는 공통점이 있다.

그러므로 그들의 절박한 마음은 모른 체하고, 스톡 스필로 상대의 성격이나 현재 처한 상황만 알아맞히는 것은 아무 의미가 없다. 고민을 들어주고 어떤 방식으로든 해답을 제시할 수 있어야 진정한 콜드리더라고 할 수 있다. 적어도 점쟁이 같은 콜드리더라면 애써 묻지 않아도 상대의 마음을 헤아릴 수 있어야 하지 않을까? 걱정거리를 떠안고 지푸라기라도 잡는 심정으로 콜드리더를 찾아온 사람의 입장에서는 "자, 오늘은 무슨 일로 오셨습니까?" 하고 대놓고 묻는 사람보다는, 자신은 입도 뻥긋하지 않았는데 마치 속을 꿰뚫어보는 투시경이라도 낀 것처럼 속사정을 척척 알아맞히는 사람에게 더욱 믿음이 가는 건 당연한 이치일 것이다.

물론 콜드리더 중에는 얄팍한 속임수를 써서 내담자의 사연을 알아내는 사람도 있다. 상담하고 싶은 내용을 먼저 종이에 적어보라고 한 다음, 상대가 종이에 뭔가를 적는 동안 여러 방법을 동원해 내용을 훔쳐보는 것이다. 물론 "상담에 온 정신을 집중하기 위해서 미리 메모하는 게 좋습니다" 하는 구실을 대는 것도 잊지 않는다. 어떤 사람은 더 치사하게 심부름센터나 측근을 통해 내담자의 성격이나 성장과정, 가정생활 같은 개인정보를 미리 조사해두는 경우도 있다. 이런 수법을 가리켜 '콜드리딩'이 아니라 '핫리딩(Hot Reading)'이라고 부르기도 한다.

여기서는 핫리딩까지 시시콜콜하게 설명할 필요가 없지만, 만약 당신이 상담을 받으러 갔는데, "상담할 내용을 종이에 적어 보세요" 따위의 요구를 먼저 받는다면 아무리 그럴싸한 구실을 갖다 붙여도 일단 사기성이 있다고 봐야 한다.

정상적인 콜드리더는 애써 그런 수법을 쓰지 않고도 얘기를 나누다 보면 상대의 고민거리가 무엇인지 자연스레 알아챌 수 있다.

지금부터 그 비결에 대해 이야기해보자.

돈, 사람, 꿈, 건강 말고 다른 걱정거리는 없다

조금만 깊이 따져보면 사람들이 가질 수 있는 걱정거리나 고민은 다음의 네 가지 카테고리 중 하나에 해당된다.

| 1. 인간관계 | 2. 금전(경제 전반) | 3. 꿈(목표) | 4. 건강 |

예를 들어 직장 문제나 사업 문제로 상담을 하러 왔다면, 구체적인 고민 내용은 '금전', '인간관계', '꿈(목표)', 이 세 가지 카테고리 중 하나에 속하는 것이 분명하다.

이를테면 잔뜩 의기소침해진 내담자가 "정리 해고되는 바람에 새 일자리를 찾고 있어요" 하고 고민을 털어놓으면 볼 것도 없이 '돈' 문제와 직결된다. "새로 부임한 상사 때문에 하루에도 열두 번씩 사표를 쓰고 싶은 마음이 솟구쳐요" 하고 고민하는 사람은 '인간관계' 때문에 속을 끓이고 있는 것이다. "지금 하는 일을 계속 해야 하는 건지 모르겠어요" 하고 방황하고 있는 사람은 '인생의 목표(꿈)' 때문에 조언을 구하고 싶은 것이다.

 연애 문제로 상담을 하러 왔다면 당연히 '인간관계' 카테고리로 보면 된다. '일이냐 사랑이냐' 사이에서 어찌할 바를 모르는 경우에는 '인간관계'와 '꿈(목표)' 두 카테고리 모두와 관련되어 있을 가능성이 크다. 그리 바람직한 예는 아니지만 "동거 중인 남자가 일할 생각은 않고 자꾸만 손을 내민다" 같은 경우는 비단 '인간관계'에만 국한되는 것이 아니라 '금전' 문제도 매우 심각하다고 할 수 있다.

 "요즘 들어 기분이 계속 가라앉고 일할 의욕이 생기지 않아요" 하고 상담을 의뢰한 사람이라면 일차적으로는 '(마음의) 건강' 카테고리로 분류할 수 있지만, 실제로 직장생활에 큰 차질이 있을 정도라면 '금전' 문제로 이어질 공산이 크다.

 "어떤 일에도 흥미를 붙일 수 없고 매사에 자신감이 없다"고 하는 사람은 '꿈(목표)' 카테고리와 깊은 연관성이 있다.

 "아이 성격이 점점 비뚤어지고 있다"라거나 "아이 교육 문제로 아내와 자주 다툰다"고 하는 사람은 '가족(인간)관계' 때문에 속앓이를 하고 있는 것이다. 물론 개인적인 문제뿐만 아니라 타인의 문제도 이 네 가지 범주를 벗어나지 않는다. "딸아이가 연예인이 되겠다며 학교를 그만두겠다는데 어떡하죠?" 하고 걱정하는 어머니에게는

'(딸의) 꿈'과 연관해서 문제를 풀어나가야 한다.

이처럼 대부분의 고민과 상담 내용은 이 네 가지 카테고리를 벗어나지 않는다. 따라서 콜드리더는 상담자의 표정이나 옷차림, 말투 같은 첫인상이나 이야기 흐름 속에서 '이 사람의 가장 큰 고민은 네 가지 카테고리 중 어디에 속하는가?'를 예측한 다음 이 주제를 지속적으로 살펴나가게 된다. 그리고 카테고리를 설정했으면 서서히 범위를 좁혀나가면서 구체적인 문제를 찾아간다. 예를 들어 네 가지 중 '인간관계' 때문에 골머리를 앓고 있다면, 그것이 지금 사귀고 있는 사람과의 갈등 때문인지, 낙하산으로 발령받아 온 상사와의 트러블 때문인지 얘기의 범주를 점점 좁혀나가는 것이다.

고민거리의 카테고리를 찾는 방법

이쯤 되면 상대가 어떤 카테고리의 고민을 안고 있는지 어떻게 알아낼 수 있을까, 그 방법이 궁금해질 것이다. 예를 들어 이렇게 이야기를 풀어나갈 수 있다.

・・・

"뭔가… 사람 때문에 고민하고 계신 것 같은데요?"

"아니요, 저는 지금 경제적으로 너무 힘들어요."

"(짐짓 놀라며) 아니, 그럼 지금 경제적인 문제가 사람 문제하고는 전혀 상관없다는 말씀이신가요?"(ZO)

"아니, 전혀 안 그런 건 아니지만…."

"옛말에도 돈이 무슨 죄냐고 했습니다. 깊이 따지고 들어가면 사람하고 전혀 상관없는 돈 문제는 있을 수가 없죠."

"말씀을 듣고 보니 그것도 그러네요. 사실 이번 일도 친구 말만 철석같이 믿은 게 화근이었어요."

• • •

이 대화를 살펴보면 우선 상담자가 '인간관계' 때문에 고민을 하고 있는 것처럼 운을 떼어봤다. 하지만 사실 상대는 '금전' 문제로 고민을 하고 있었다. 그러자 콜드리더는 '인간관계'라는 말을 '줌 아웃(Zoom Out, 확대하기. 예문에서는 ZO로 표기)'해서 '돈 문제도 결국 인간관계에서 비롯한다. 따라서 돈 문제보다 오히려 인간관계의 문제가 더 심각하다'는 식으로 이야기의 뉘앙스를 슬쩍 바꿔버린다.

어떤 대화든 상대와 끝까지 제대로 풀어나가려면 설령 실수를 하더라도 값싼 궤변으로 얼버무리기보다 당당하게 자신의 의견을 밀고나가야 한다.

예를 하나 더 들어보자.

• • •

"건강에 조금 이상이 있으시네요."

"아니요, 별다른 이상은 못 느끼는데요."

"몸만 건강한 게 전부가 아닙니다. 정신적으로 힘들어하는 것도 건강에 이상이 있는 거죠. 심신이 고루 건강해야 생활이 진정 편안해질 수 있는 거니까요."(ZO)

"그런 것 같네요. 요즘 직장에서 스트레스를 너무 많이 받고 있거든요."

"지금 하시는 일이 원래 선생님께서 바라던 일이 아니었군요. 선생님께선 사실 다른 적성에 맞는 일을 꿈꾸고 계셨어요."

"(깜짝 놀란 눈빛으로 바짝 다가앉으며) 사실 그 이야기를 드리고 싶어서 온 겁니다. 언제쯤 직장을 옮겨야 할지…."

• • •

이 대화는 '건강'이라는 카테고리를 정해 '마음의 건강'으로 확대 해석하고 있다. 그래서 줌 아웃을 통해 상대가 지금 '직장 일로 머리가 터질 지경이며 그것 때문에 스트레스를 받고 있다'는 정보까지 이끌어낼 수 있었다.

자신이 정말 좋아하고 보람을 느끼는 일이라면, 밥 먹듯이 야근을 하고 툭하면 주말까지 사무실에 나와 입술이 부르트게 일을 하더라도, 직장 일에 대해 볼멘소리를 잘 하지 않는다. 따라서 '마음의 건강' 운운하자 단박 직장에 대한 불만을 털어놓는 사람이라면 지금 직장에 불만이 있고, 다른 곳으로 옮기고 싶어 한다는 사실을 쉽게 미뤄 짐작할 수 있다. 이런 마음상태인 사람에게 "현재 하는 일에 최선을 다해야 한다"는 충고를 한다면 어떤 울림도 줄 수 없다. 오히려 상대가 훨씬 큰 꿈을 가지고 있고, 그것을 이룰 만한 능력을 가지고 있다고 부추겨준다면 상대는 물어보지 않아도 먼저 더 많은 정보를 누설하게 될 것이고, 이야기는 일사천리로 진행될 것이다.

물론 대화가 항상 이런 식으로 자연스레 흘러간다고 할 수는 없다. 하지만 분명한 사실은 맨 처음 직관적으로 판단해 넌지시 떠본 네 가지 카테고리 중 하나가 적중하는 경우가 비일비재하다는 것이다.

실제로 네 가지 카테고리 중 하나를 골라 이야깃거리를 좁혀나가다 보면 상담자 스스로 고민을 털어놓는 경우가 많다. 상대에게 '이 사람은 나를 이해하는구나' 하는 믿음을 준다면 본인이 알아서 나머지 정보를 술술 털어놓게 된다. 걱정거리를 떠안고 있는 사람은 대개 마음속에 품은 고민을 털어놓고 싶어 안달해 있기 때문이다.

콜드리더는 이런 방식으로 상담이 필요한 영역을 조금씩 좁혀 나가면서, 우선은 대략적인 카테고리부터 유도해내기 시작한다. 카테고리 파악이 끝나면 이번에는 좀더 구체적이고 실질적인 고민을 알아맞힌 다음, 그에 상응하는 조언과 충고를 해준다.

이와 같은 일련의 과정을 차근차근 진행해나가다 보면 결국에는 상대가 원하는 핵심 내용에 도달하게 된다.

줌 인zoom in /
줌 아웃zoom out

콜드리더는 상대의 반응에 대해 단어가 가진 의미를 축소하기도 하고(줌 인), 확대하기도(줌 아웃) 한다.
줌 인의 사례를 살펴보자.

"선생님은 인간관계에 자신감이 없는 편이시죠?"
"아니요, 그렇지 않은데요."
"물론 현재는 잘 헤쳐나가고 계시네요. 하지만 과거 어느 시점에서는 그 문제로 힘드셨던 적이 있었을 텐데요?"
"실은 먼저 직장에서 상사와 약간 갈등을 빚는 바람에 결국 직장을 옮기고 말았어요."

이런 식으로 '인간관계에 자신이 없다'는 스톡 스필에서 시작해, '예전에 인간관계로 고민한 적이 있었다'는 형태로 줌 인을 시도함으로써, '먼저 직장에서 상사와 문제가 있었다', '그리고 지금은 회사를 옮긴 상태다'라는 정보를 얻을 수 있다.

그렇다면 줌 아웃에는 어떤 사례가 있을까?

"최근 가슴 아픈 이별을 하셨네요?"

"글쎄요, 특별히 그런 일은 없는데요."

"이별이라고 해서 꼭 사람과의 이별만 말하는 게 아닙니다. 정신적인 부분도 포함되거든요. 예를 들면 오래된 습관과의 이별이라거나."

"아, 그러고 보니 제가 얼마 전에 담배를 끊었습니다."

"그래요, 바로 그런 겁니다. 정말 힘드셨겠네요."

이렇게 '가슴 아픈 이별'이라는 주제를 보다 폭넓은 범위로 확대해 '습관과의 이별'로 표현하고 있다. 이런 방법을 통해 콜드리더는 새로운 정보를 얻어나간다.

콜드리딩 기본편 **4단계**

고민의 범위를
조금씩 좁혀 나가라

교묘하게 상대를 떠보는 화법, 서틀 네거티브

일차적으로 상담할 내용의 카테고리를 파악하는 데 성공했으면 이제 구체적인 정보를 이끌어내는 단계로 넘어가야 한다. 이를테면 '직장 동료들과 인간관계로 갈등을 겪고 있다'면 이제 이 주제에서 이야기를 점점 좁혀 들어가면 된다.

  이렇게 대화 주제의 핵심에 접근하는 방법에는 '서틀 네거티브(Subtle Negatives, 이하 예문에서는 SN)'와 '서틀 퀘스천(Subtle Question, 이하 예문에서는 SQ)'이 있다.

점술가들의 심리 화법으로 널리 알려진 '서틀 네거티브'는 한마디로 부정의문문을 사용해 '예스'나 '노' 어떤 것으로 대답해도 결국 모두 맞춘 것으로 몰고 가는 화법이다.

• • •

| 서틀 네거티브의 예 |

"~는 아니지요?"

"사람들이 ~라고 하지 않나요?"

"~에 관해 짐작 가는 거 없으세요?"

"~라는 이야기는 선생님과 상관없는 거죠?"

"~라는 느낌이 드는 건 제가 너무 예민한 탓이겠죠?"

"~한 적 없으셨죠?"

"~라는 사실을 모르고 계셨겠죠?"

• • •

뛰어난 콜드리더는 서틀 네거티브를 아주 교묘하고 시기적절하게 사용해 상대의 마음을 사로잡는다. 왜냐하면 서로를 잘 모르는 상황에서는 그 사람의 신상 중 아주 사소한 것 하나라도 알아맞히기만 하면 단숨에 자기 편으로 끌어들일 수 있기 때문이다. 다음 이야기를 살펴보자.

• • •

"(머리를 갸우뚱거리며) 고양이는 안 기르시죠?"(SN)

"어, 기르고 있는데요!"

"(고개를 끄덕이면서) 역시 그랬군요. 선생님 사주에 고양이 그림이 나와서 말예요."

• • •

만약 상대가 정말 고양이를 기른다면 이 콜드리딩은 그야말로 멋지게 성공한 것이다. '오늘 처음 만난 사람인데 내가 고양이를 기르고 있다는 사실을 알아맞히다니!' 이 정도면 상대는 당신의 능력에 홀딱 반해 어떤 이야기도 철석같이 믿게 된다.

물론 상담자가 고양이를 기르지 않는다고 해도 서틀 네거티브를 잘만 구사하면 상대의 마음을 사로잡을 수 있다.

• • •

"(머리를 갸우뚱거리며) 고양이는 안 기르시죠?"(SN)

"네, 안 길러요."

"(고개를 끄덕이면서) 그러시군요. 분명히 고양이를 안 기르시는데, 선생님 사주에 고양이 그림이 나와 있단 말예요. 그렇다면 혹시 선생님 주변에 고양이 기르시는 분이 있나 본데요."

"아. 네. 친정 엄마가 고양이를 세 마리나 키우세요."

• • •

이렇게 되면 점괘가 빗나가기는커녕 오히려 이 부정의문문 덕분에 상대방에 대해서 더 많은 정보를 알아낼 수 있다. '친정엄마라고 하는 걸 보면, 결혼을 했거나 이혼 후 독신일 가능성이 높다. 어머니가 고양이를 세 마리나 키우는 걸 보면 잔정이 많거나 외로운 처지일 수 있다' 등의 정보까지 덤으로 얻어낼 수 있는 것이다.

한마디로 "~하는 건 아니죠?" 하고 묻는 부정의문문(서틀 네거티브)은 상대가 어떤 상황이든 상관없이 100% 적중할 수밖에 없는 화법이다.

물론 문장이나 책으로 읽으면 속이 너무 뻔히 들여다보여 속임수라는 걸 누가 눈치 채지 못할까 싶지만, 실제 이야기로 풀어가다 보면 깜짝 놀랄 정도로 대화는 자연스레 이어진다.

앞서 말했듯, 카테고리를 좁힌 다음 더 구체적인 정보를 얻을 때도 서틀 네거티브는 아주 효과적이다.

예를 들어 상대의 고민이 '인간관계'라는 것까지 파악했다고 치자.

• • •

"(머리를 갸우뚱거리며) 설마, 직장에서의 인간관계에는 별다른 문제가 없으시죠?(SN)"

"사실… 새로 온 상사가 너무 개념이 없어요. 오늘은 그 일로 상담을 좀 하러 왔습니다!"

"역시 그러셨군요. 지금까지는 아무 문제가 없었는데 말이죠."

"네. 지난번 과장님하고는 정말 스스럼없이 지냈죠. 정말 내 식구 일처럼 잘 돌봐주시는데다, 늘 신바람나게 일하도록 기운을 북돋아주셨어요."

• • •

물론 상대가 직장 동료들과 아무 문제가 없어도 서틀 네거티브는 이 난관을 헤쳐 나갈 수 있도록 자연스레 이야기의 물길을 터준다.

• • •

"(머리를 갸우뚱거리며) 설마, 직장에서 인간관계에는 문제가 없으시죠?(SN)"

"네. 회사 생활은 그럭저럭 잘 하고 있는 편입니다."

"(고개를 끄덕이며) 그러시군요. 하지만 전혀 다른 일처럼 보여도 연애에 문제가 생기면 업무에 큰 영향을 미칠 수 있답니다. 당신 사주에 그럴 가능성이 보여서요."

"저… 실은, 요즘 그 사람이 바람을 피우는 건 아닐까 걱정이 돼서 일이 통 손에 잡히질 않아요."

• • • •

설령 고민거리가 직장과 관련된 인간관계와 완전히 들어맞지 않아도 '예스'와 '노'를 모두 아우르는 부정의문문으로 묻고 있기 때문에 상대는 이 말이 틀렸다고 여기지 않는 것이다.

이렇듯 '서틀 네거티브'는 어떻게 보면 내가 허풍을 부려서 상대가 스스로 맞추게 하는 트릭의 일종으로 볼 수도 있다.

"~는(은) 아니지요?" 하고 부정의문문을 사용하면 상대의 고민거리를 맞히지 못했다고 해도 별 무리 없이 대화는 흘러가고, 운 좋게 적중했다면 '정말 족집게네요'라는 칭찬을 들을 수 있다.

서틀 네거티브의 결정적인 포인트는 고개를 갸우뚱거리면서 "확실히는 잘 모르지만…" 하고 분위기를 끌고나가는 것이다. 그 말이 들어맞는다면 상대가 깜짝 놀란 눈으로 무릎을 치며 정말 대단하다고 입에 침이 마르게 칭찬을 할 것이고, 설령 틀렸더라도 "그렇군요…" 하고 고개를 한 번 끄덕여주면 상대는 이미 당신이 드리운 그물에 발을 담그고 자신의 이야기를 하나씩 던져주게 될 것이다.

눈치 채지 못하게 질문하는 기술, 서틀 퀘스천

상대의 정보를 알아내는 가장 쉬운 방법은 '질문'이다. 하지만 소위 마음을 꿰뚫어 본다는 콜드리더가 다짜고짜 질문을 한다는 건 아무래도 설득력이 없다. 이럴 때 사용하는 방법이 '서틀 퀘스천'이다.

· · ·

| 서틀 퀘스천의 예 |

"~하는 건 무슨 이유에서죠?"

"~라는 의미를 이해하시겠어요?"

"~라는 말은 무엇을 가리키는 것일까요?"

"~에 대해 짐작 가는 데라도 있으신가요?"

"~라는 표현이 정확한가요?"

"~에 무언가 중요한 의미가 있습니까?"

"~라는 게 대체 무엇일까요?"

· · ·

서틀 퀘스천은 콜드리더가 상대에게 뭔가를 질문하고 있다는 사실을 전혀 의식하지 못하도록 분위기를 조장한 상태에서 질문을 해나가는 기술이다. 무엇보다 서틀 퀘스천의 핵심은 절대 직접 묻지 않는 것이다. 그도 그럴 것이 직접 질문한 내용이 정작 당사자와 아무 상관이 없다면 어느 누가 콜드리더를 믿고 따르겠는가.

예를 들어 상담자의 고민이 '미래의 꿈' 카테고리에 속한다는 것까지 알아냈다고 하자. 이쯤 되면 콜드리딩을 구사하는 사람은 대개 핵심 내용을 구체적으로 파악하고 싶어 마음이 조급해지기 마련이다. 그렇다고 "선생님 꿈은 뭐예요?" 하고 대놓고 물었다가는, 유도심문하고 있다는 사실이 탄로 날 것은 자명하다. 그러면 결국 대화 자체의 신뢰도 깨지고, 이야기는 서걱거릴 수밖에 없다.

결국 콜드리딩을 성공적으로 이끌어가려면 구체적인 부분까지 모두 간파하고 있는 척하면서 은근슬쩍 서틀 퀘스천을 구사해 더 구체적인 정보를 얻어내야 한다.

· · · ·

"'바야흐로 용기를 내어 한 걸음을 내디뎌야 할 때가 도래했다'는 계시가 나왔군요. 딱히 짐작 가는 데라도 있으신가요?"(SQ)

"네… . 실은 미국 유학을 계획하고 있는데요…. 마음 아프더라도 지금 사귀는 사람과 헤어져야 한다는 이야기인 것 같아요."

"(고개를 끄덕이며) 이미 본인도 느끼고 계셨군요."

· · · ·

"용기를 내어 한 걸음을 내디뎌야 할 때."

이 말은 대단히 애매하면서도 상대가 어떤 형태든 꿈이 있는 이상 반드시 적중할 수밖에 없는 표현이다. 더욱이 "딱히 짐작 가는 데라도 있으신가요?"라는 말은 질문이면서도 질문처럼 들리지 않는다. 그저 알고 있는 사실을 다시 한 번 가볍게 확인하는 정도로 여겨질 뿐이다. 그러나 사실 이 질문은 상대가 좀 더 구체적이고 자세한 정보를 털어놓도록 만드는 결정적인 열쇠다.

결국 콜드리더는 이러한 서틀 퀘스천을 통해 '상대방이 지금 미국 유학을 구체적으로 계획하고 있고, (어쩌면) 사귀고 있는 사람이 이 유학을 반대해서 어떻게 해야 할지 갈등하고 있다'는 사실까지 추리해낼 수 있게 되었다.

그렇다면 "딱히 짐작 가는 데라도 있으신가요?"처럼 상대의 마음을 사로잡는 서틀 퀘스천에는 어떤 표현이 있을까?

· · ·

"(~를 암시하는 점괘가 나왔습니다만) 이 점괘가 당신에게 중요한 의미가 있나요?"

"(~라는 파동이 느껴지는군요.) 이 느낌을 선생님 입장에서 구체적으로 표현한다면 뭐라고 할 수 있을까요?"

"(~한다는 운수가 나왔는데요.) 구체적으로 어떤 부분에서 이런 운수가 표출되고 있나요?"

· · ·

서틀 퀘스천이란 상대가 질문하고 있다는 것을 깨닫지 못하도록 질문하는 기술이라고 말했다.

예를 들어 "아까부터 당신의 기억이 내 속으로 날아들고 있어요. 당신이 동물을 몹시 두려워하고 있는 모습이 보이는군요…. 짐작 가는 거라도 있으신가요?" 하고 묻는다.

'동물을 무서워했다'고 하는, 누구나 경험했을 법한 질문을 던진 다음, "짐작 가는 기억이라도 있으신가요?" 하고 재차 물으면 상대는 의외로 쉽게 본인의 구체적인 경험을 들려주게 되어 있다.

여기서 중요한 것은 '어디까지나 상대가 먼저 기억해내기 이전에 이미 콜드리더 자신은 그 과거의 기억을 간파하고 있었다'는 느낌으로 밀고나가야 한다는 점이다.

콜드리딩 기본편 5단계

미래를 예언하라

절대 빗나가지 않는 예언, 서틀 프리딕션

콜드리더라면 상담을 받으러 온 사람의 성격과 상황, 혹은 고민 내용을 맞추는 것은 기본이고, '그렇다면 이제 앞으로 어떻게 될 것인가?' 하는 미래에 대한 해답도 제시해줄 수 있어야 한다.

아무리 그렇더라도 "이번 주 안에 로또 복권에 1등으로 당첨돼 수억 원 벌어들일 수 있습니다" 같은 예언을 했다가 그 일이 이뤄지지 않는다면, 콜드리더는 순식간에 신뢰를 잃고 "뭐야, 그 사람 순 엉터리군" 하는 원성을 살 게 뻔하다.

'반드시 그대로 이뤄지는 예언'은 있을 수 없다. 하지만 '절대 빗나 갈 리 없는 예언'은 얼마든지 있다.

이 말장난 같은 두 표현의 차이를 이해하겠는가?

콜드리딩의 마지막 단계에서는 절대 빗나갈 리 없는 예언, '서틀 프리딕션(Subtle Predictions, 이하 예문에서는 SP)'에 대해 알아보자.

서틀 프리딕션은 한마디로 미래를 예언했다고 믿도록 하는 트릭이다. 의심 많은 사람은 콜드리더가 자신의 과거나 현재를 맞췄다고 해도 '그 정도야 사전에 조사해보면 다 알 수 있는 건데 뭐' 하고 못 미더워할지 모른다.

· · · ·

| 서틀 프리딕션의 예 |

"가까운 장래에 ~가 있을 겁니다."

"앞으로 ~는 잘될 겁니다."

"A씨가 당신에게 비밀리에 ~를 할 것 같군요."

"아무쪼록 ~에 주의를 기울이세요."

· · · ·

하지만 아직 일어나지 않은 미래를 예언하고, 그 예언이 정말 정확하게 맞아떨어지면 콜드리더에 대한 신뢰와 주가는 단숨에 상한가를 치고도 남는다.

예를 들어, '조만간 한동안 소식이 끊겼던 사람에게서 갑자기 연락이 올 겁니다'라는 예언을 했다고 치자. 특히 이런 예언은 해당 범위가 폭넓기 때문에 적중할 확률이 높다.

'조만간'이라고는 했지만 이번 주가 될 수도 있고 이번 달이 될 수도 있다. 소식이 끊긴 지 30년쯤 된 사람이라면 2~3년 안에만 연락이 와도 예언이 적중했다고 생각할 만하다. '한동안'이라는 표현도 그 범위라는 것이 '조만간'이라는 말과 크게 다를 바 없다. 전화 한 통이면 당장이라도 만날 수 있는 사람이라면, 일주일 정도만 못 만나도 '한동안'이 되기 때문이다.

범위가 넓고 실현되기 쉬운 예언을 해라

연애를 하고 싶은데 좀처럼 인연을 만날 수 없어서 고민인 사람이 상담을 요청해왔다.

· · · · ·

"아가씨는 눈치 채지 못하셨겠지만, 지금 남몰래 당신을 사모하고 있는 사람이 있습니다. 그 동안 꽤 여러 번 고백을 하려고 시도했지만 막상 아가씨 앞에만 가면 돌아서곤 했어요. 아마도 당신을 잃을까봐 두려웠던 거겠죠. 하지만 이번 크리스마스가 오기 전에 기필코 고백하리라 마음 속 깊이 다짐을 하고 있는 것 같군요."

· · ·

자, 이 정도면 절대로 일어날 수 없는 일도 아니지 않은가. 내담자를 남몰래 사모하고 있는 사람이 있다는 것도, 그가 크리스마스 전에 고백하려고 한다는 것도 상당히 자연스러운 발상이다. 얼마든지 있을 수 있는 일이기에 적중률도 꽤 높다.

설령 크리스마스 훨씬 전이든 아니면 크리스마스가 조금 지나서든 '때마침' 누군가 다가와 고백을 한다면, 그 여성은 '그 말이 정말 맞았네!'라며 감탄해 마지않을 것이다. 그렇게만 된다면 적중률은 100%다.

그런데 만약 언제까지고 그런 사람이 나타나지 않는다면? 크리스마스가 지난 지 언젠데 고백은커녕 고백할 것 같은 사람조차 구경하지 못했다면… 점쟁이의 예언은 완전히 빗나간 것일까?

그렇지 않다. 이쯤에서 점술사가 한 이야기를 다시 한 번 상기해보자. 점술가는 '그가 당신에게 고백할 겁니다'라고 말하지 않았다. '이번 크리스마스가 오기 전에 기필코 고백하리라 마음 속 깊이 다짐을 하고 있는 것 같군요'라고만 했을 뿐이다.

다시 말해 '당신을 좋아하는 사람이 있기는 하지만, 이번에도 역시 두려워서 고백하기 직전에 뒷걸음치고 말았을' 뿐, 점술가의 예언이 틀린 것은 아니라는 뜻이다.

이와 같이 '실현되면 적중했다고 인정을 받고, 그렇지 않더라도 빗나갔다고 할 수 없는 것', 그것이 바로 서틀 프리딕션의 원리다. 적중했을 때 말고는 예언의 정당성을 증명할 수 없는 것, 빗나갔더라도 정말 빗나간 것인지 그 누구도 알 수 없는 것, 그것이 서틀 프리딕션 테크닉이다. 가능하면 범위가 넓고 실현되기 쉬우며, 웬만해서는 틀렸다는 사실을 증명할 수 없도록 예언하는 것이 서틀 프리딕션의 요령이다.

그런 예를 몇 가지 더 들어보자.

・・・

"이번 분기에 제법 큰 돈이 들어오겠는걸요. 하지만 기회란 항상 눈에 띄지 않고 사소한 곳에 숨어 있기 마련이지요. 주의 깊게 살펴보지 않으면 놓쳐버릴 수 있다는 것을 명심하세요."

"직장 안에 선생님에 대해 안 좋은 감정을 품고 있는 사람이 있군요. 선생님이 눈치 채지 못하도록 무언가 해코지를 하려고 구상 중인 것 같습니다."

"올 가을에 간이 조금 안 좋아질 것 같습니다. 하지만 그리 심각한 정도는 아니니까 크게 신경 쓸 일은 아닙니다."

∴∴∴

하나같이 그럴듯한 이야기처럼 들리지 않는가?

이 정도면 콜드리딩의 5단계를 충분히 이해하셨으리라 믿는다.

물론 막상 실제 상황과 부딪히면 위에 소개한 문장들처럼 이야기가 술술 풀리지 않을 수도 있다. 하지만 의외로 이 예문들이 그대로 사용되는 경우도 제법 있으니 참고해두기 바란다.

2부에서는 콜드리딩이 어떤 흐름으로 진행되는지 정도만 이해하면 소기의 목적은 달성한 셈이다.

인간의 기억은 애매하다

선택적 기억(Selective Memory)이란 '의식에 강하게 각인된 기억만 남고, 그 이외에 무가치하다고 판단되는 것에 관해서는 그것을 보거나 들었다는 사실조차 잊어버리는' 원리를 가리키는 용어다.

예를 들어, 사랑하는 여인의 생일이 1월 23일인데 시계를 볼 때마다 1시 23분 아니면 12시 3분이다. 그런 일이 반복될수록 남자는 '이건 분명히 운명이야!'라며 억지로 그 여인과 자신을 연관짓게 된다.

그러나 실제로 우리는 하루에도 수없이 자주 무의식적으로 시계를 쳐다본다. 그럼에도 불구하고 위의 남자처럼 오로지 1시 23분이나 12시 3분만 기억에 남을 뿐, 5시 5분이나 4시 7분 등 다른 시간들은 물론 시계를 쳐다봤다는 사실조차 망각해버리는 것이다.

이렇듯 인간의 기억은 상당히 유동적이고 애매해서, 의식 속에 강한 인상을 남긴 것 이외에는 전혀 떠올릴 수 없는 속성을 가졌다.

콜드리더는 내담자들이 '이 점쟁이는 잘 맞힌다'라는 인상만 강하게 남는다는 사실을 알기 때문에, 한두 개쯤 빗나가는 것은 그다지 개의치 않는다. 게다가 적중했다는 인상이 강하면 강할수록 한두 번 빗나간 이야기는 쉽게 잊혀진다.

많은 콜드리더들이 자신의 이야기에 대해 녹취를 금하는 것도 바로 이런 이유에서다.

High Class | 상대의 마음을 사로잡는 그 밖의 기술

말도 안 되는 부탁을 하라

원하는 것보다 훨씬 무리한 부탁을 먼저 하라!

도어 인 더 페이스(door in the face) 전략

'풋 인 더 도어'와 반대되는 방법이다. 일명 '문 안에서 한 발 빼기' 전략. 사람들이 요구를 거절하게 되면 느끼는 죄책감을 이용한다. 상대가 결코 수락할 수 없는 요구를 해서 거부되도록 한다. 그 이후에 이전의 요구보다 좋거나 부담이 적은 요구를 한다. 본래 10을 원한다면 아예 처음부터 100만큼을 부탁해 상대방을 부담스럽게 만든 후 다시 본래 의도대로 10을 부탁하면 대부분 들어줄 수밖에 없다.

처음 만난 이성에게 '애인이 되달라'는 요청을 한다면 누구나 거절당할 것이다. 그런 다음 데이트를 신청하거나 연락처를 묻는다면 상대는 '이정도쯤이야'라는 생각에 승낙하기 쉬울 것이다.

심리학에서 '양보적 요청법'이라고 한다. 이 방법의 효과에 대해서 대인심리학에서는 상호양보에 의한 승낙, 호의적인 승낙, 죄책감에 의한 승낙이라는 세가지 이유로 설명한다. 상대가 양보했으니 자신도 조금 양보해 줘야 한다는 생각, 자신이 좋은 사람이라는 이미지를 주고 싶다는 생각, 부탁을 거절했다는 죄책감 등이 결국 본래의 요구를 승낙하게 만드는 것이다.

PART 03

콜드리딩 **실전편**

일상생활에서 바로 사용하는 콜드리딩 활용법

여기에서는 구체적인 사례를 바탕으로 비즈니스나 사적인 만남 속에서 콜드리딩을 활용할 수 있는 방법을 소개하고자 한다.

물론 개중에는 그대로 인용할 수 있는 예도 있지만, 그보다는 상황별 분위기나 기본 개념을 이해하는 데 중점을 두시기 바란다. 대화를 진행해나갈 때 조금이라도 콜드리딩을 의식한다면, 일상생활의 커뮤니케이션은 지금보다 훨씬 원활하고 효과적으로 이뤄질 것이다.

- 영업: 한번 고객은 평생 고객이다!
- 서비스·판매: 가방 안 멘 방향에 인사하라!
- 취업·면접: 어떤 인재를 원하십니까?
- 사교모임: 나랑 똑같은 게 정말 많네요!
- 회의나 프레젠테이션에서 주도권을 잡는 법
- '하고 싶지 않은 일', '썩 내키지 않은 일'을 거절하는 법
- 전화 커뮤니케이션에서 활용할 수 있는 콜드리딩 노하우
- 이메일에 활용할 수 있는 콜드리딩

이제 구체적인 상황 속으로 들어가보자.
우선 콜드리딩이 가장 강력하게 작용하는 첫 만남부터 시작이다.

콜드리딩 실전편 **영업**

한번 고객은
평생 고객이다

A사의 영업직원이 된 당신은 오늘 처음으로 고객을 만나 계약 상담을 하기로 했다. 고객을 만나기 전 당신은 넥타이를 고쳐 매고 옷매무새를 살펴본 다음 거울을 보고 싱긋 웃어 보인다. 하지만 여간해서 긴장이 사라지지 않는다.

하지만 걱정을 붙들어 매도 좋다. 당신은 이미 고객의 니즈를 계약에 대한 확신으로 이끌어낼 수 있는 최고의 화법 '콜드리딩'을 익힌 상태니까. 여기서 소개할 콜드리딩 기법은 전형적인 영업 멘트가 아니라, 첫 만남에서 상대와 신뢰관계를 쌓을 수 있는 노하우다. 따라서 계약서를 사이에 두고 만나는 관계뿐 아니라 인간관계 전반에 걸쳐 두루 활용할 수 있다.

영업에서 활용할 수 있는 콜드리딩 기본 5단계

영업활동에서 가장 중요한 것은 무엇일까? 두말할 것도 없이 고객의 니즈를 구체화시키고 강렬하게 자극하는 것이다.

영업 분야는 화술의 세계에서도 가장 거친 불모지라고 해도 과언이 아니다. '어디서 뭘 하던 사람인지도 모르는' 영업직원에게 시시콜콜하게 회사 사정이나 자기의 속사정을 털어놓는 사람은 거의 없다. 이런 현실을 감안하면 "우리 회사(혹은 내)가 이런 부분에서 큰 어려움을 겪고 있습니다" 하고 상담을 의뢰하는 사람이 있다면 이미 당신에게 끈끈한 신뢰를 갖고 있는 게 틀림없다.

누구나 처음에는 서툴 수밖에 없다. 아무리 탁월한 영업직원도 갓 입사해 선배 뒤꽁무니를 졸졸 따라다니며 기본 업무를 익히던 햇병아리 시절에는 고객을 능수능란하게 다루는 선임자의 모습에 주눅 들고 넋을 잃었을 것이다. 하지만 막상 혼자 몸으로 현장에 뛰어들면 어디서부터 어떻게 손을 대야 고객의 니즈를 이끌어낼 수 있는 건지 도무지 갈피가 잡히지 않는다.

당신은 지금 머릿속이 뒤죽박죽된 상태에 빠져 연신 손수건으로 이마를 찍어내고 있지는 않은가? 바로 이 순간 콜드리딩의 기본 5단계를 떠올려보자. 맨 처음 상대를 만났을 때 나는 어떤 마음가짐이어야 하는가, 다음에는 어떻게 할 것인가…. 적어도 살벌한 영업 세계에 뛰어들 각오를 한 당신이라면, 충분히 위기를 기회로 만들 수 있다. 찬찬히 콜드리딩 5단계를 떠올리면 앞으로 고객과 어떤 대화를 주고받을 것인지, 일련의 과정이 한 편의 영화처럼 눈앞에 펼쳐질 것이다.

그렇다면 이쯤에서 콜드리딩 기본 5단계를 다시 한 번 되짚어보자.

・・・

1단계 라포르를 구축한다.

2단계 스톡 스필로 신뢰를 쌓는다.

3단계 고민거리가 속해 있는 카테고리를 탐색한다.

4단계 고민의 주제를 뽑았으면 범위를 조금씩 좁혀 나간다.

5단계 미래를 예언한다.

・・・

이 5단계는 얼마든지 영업에 대입해볼 수 있다.

∴

1단계 긴장을 풀고 고객과 편안한 관계를 구축한다.

2단계 스톡 스필로 신뢰를 쌓는다.

3단계 고객 니즈의 카테고리를 탐색한다.

4단계 구체적인 제안 내용의 범위를 조금씩 좁혀 나간다.

5단계 지속적인 만남으로 이어간다.

∴

1단계 | 고객을 만나기 전에 이미 영업은 시작됐다

1단계에서는 무엇보다 고객과 뒤에 이어질 단계들은 완전히 잊는 것이 중요하다. 오로지 라포르를 구축하는 데만 집중해야 한다.

 대부분의 영업직원이 처음에는 서먹한 분위기를 풀어보려고 월드컵이나 선거 등 세상 돌아가는 이야기로 대화의 운을 떼지만, 마음 한구석에는 '이 거래를 성사시키지 못하면 어쩌지?' 하는 조바심과 불안감에 휩싸이기 십상이다. 하지만 아무리 마음 한구석에 남몰래 쟁여둔다고 해도, 그러한 불안감은 고객에게 고스란히 전달될 수밖에 없다.

거듭 말하지만 '상대의 반응은 내 마음을 비추는 거울'이라는 사실을 명심해야 한다. 따라서 고객이 진심으로 마음을 터놓기를 바란다면 당신도 정말 허심탄회하게 지금 하려는 일에만 집중해야 한다.

앞에서 '라포르'는 단순히 공적인 일이나 비즈니스 관계로 엮어지는 신뢰관계가 아니라 '왠지 마음이 통하는' 정신감응의 단계로까지 이어져야 진정한 신뢰관계를 맺을 수 있다고 설명했다. 따라서 조금이라도 고객에 대한 장삿속이 앞선다면, 상대도 당신에게 진심을 털어놓지 않게 된다. 서로 정신감응이 이뤄지지도 않는데 계약이 이뤄질 거라고 기대하는 것은 큰 오산이다.

따라서 무엇보다 스스로의 마음부터 편안하게 만들어야 고객도 당신에게 전염돼 자신의 마음을 편안하게 내보일 수 있다. 앞에서 예를 든 것처럼 오직 몸의 감각만을 이용해 마치 오랜 친구를 대하듯 고객의 어깨에 손을 얹고 이야기를 나누는 상상을 해보는 것도 좋다.

따라서 생면부지의 상대와 첫 만남을 약속했다면, 얼굴을 마주한 다음 긴장을 풀려고 애쓰는 건 이미 버스를 놓친 다음이다. 고객을 만나러 가기 전부터, 아니 상사의 지시를 받거나 고객과 약속을 잡은 그 순간부터 만나러 가야 할 고객의 모습을 상상해야 한다. 그러다 보면 회사 현관을 나서면서부터 고객이 있는 장소까지 가는 내내 머릿속에는 고객의 모습이 떠나질 않는다. 이렇게 머릿속에 자리 잡은 고객과 나는 어깨에 다정하게 손을 얹고 이야기할 수 있을 만큼 허물없는 사이가 되고, 그러고 나면 그 다음에야 '진정한' 거래, 즉 영업이 시작될 수 있는 것이다.

물론 고객과 직접 맞닥뜨렸을 때, 상상했던 것과 전혀 다른 사람이 의자에 앉아 있을 수도 있다. 하지만 그런 건 아무래도 좋다. 내가 얼마나 고객을 진심으로 마음속에 품고 있었는지, 그것만으로도 당신의 첫인상은 이미 달라져 있다.

2단계 | 스톡 스필을 효과적으로 구사하라

앞서 말했듯이 많은 영업직원이 어색한 분위기를 풀어본답시고 나름대로 날씨 이야기, 어젯밤 펼쳐진 축구경기 이야기, 부동산 이야기… 따위의 세상 돌아가는 화젯거리로 이야기를 시작한다. 본론은 잠시 미뤄두고 말랑말랑한 이야기로 고객에게서 최대한 긍정적인 반응을 이끌어내려고 미리 포석을 까는 작업은 웬만한 영업직원이라면 누구라도 구사할 수 있는 화술이다.

물론 무난한 주제로 이야기를 시작하는 것도 나쁘지 않지만, 콜드리딩은 보다 차별화된 방법으로 승부수를 던질 수 있다. 더욱이 대부분의 사람이 화술의 달인이라 해도 과언이 아닌 요즘 세상에서는 누구나 구사할 수 있는 이야기로는 상대의 마음을 흔들 수 없다.

우리는 앞에서 '누구나 내 일처럼 느끼게 하는 화술', 스톡 스필을 배웠다. 간단히 말하면 고객과 라포르를 구축한 다음 단계에서는 아무리 편안한 주제로 이야기를 하더라도, 백이면 백 누구나 할 수 있는 이야깃거리가 아니라 바로 고객 당사자가 공감할 수 있는 주제를 잡아 이야기를 풀어나가는 것이 훨씬 효과적이라는 것이다. 이를테면 고객이 금융 쪽에 종사하고 있다면 정부의 금리 인상이나 부동산 정책, 최근 유행하는 재테크 방법을 화젯거리로 삼는 것이다.

언뜻 보면 아주 단순하고 별 다른 차이를 못 느낄지 모르지만, 고객 입장에서는 날씨, 월드컵 같은 하나마나한 잡담보다 훨씬 '내 이야기' 쪽으로 기울어져 있다는 생각에 마음이 더 솔깃해지기 마련이다.

· · · ·

영업직원 요즘 강남이나 홍대 쪽에 가보면 여성들이 언더웨어를 감추고 숨기기보다 드러내고 자랑하는 것이 유행 코드인 것 같더라구요. 오히려 과감해지니까 음흉한 생각이 들기는커녕(웃음), 참 당당하고 멋져 보이더라구요. 참, 부장님 회사 란제리가 그 유행을 선도한다는 생각이 들더라구요. 이제 언더웨어 개념도 예전과는 엄청나게 달라졌죠?

영업직원 요즘은 기업들이 상품 제조뿐만 아니라 소프트웨어 프로그래밍도 인도, 중국에 아웃소싱해서 아예 국내 업체와 공개경쟁을 하는 게 관례가 돼가는 것 같아요. 이제 힘든 제조업뿐만 아니라 지식이 필요한 작업도 이왕이면 저렴한 곳에 위탁하는 분위기인가 봐요. 그러다 보면 직원들을 교육할 때도 많은 변화가 일겠는데요?

고객 머지않아 정말 그렇게 될 것 같습니다. 사실은… 회사 경비 가운데 교육에 투자하는 비용이 가장 큰 몫을 차지하거든요. 저희 회사도 연간…

・・・・

스톡 스필은 고객이 하는 일이나 사업의 규모에 따라 내용이 상당 부분 차이가 날 수밖에 없다. 하지만 여기서 강조하는 것은 어떤 스톡 스필을 구사하더라도 궁극적으로 "그렇죠. 사실은… 우리 회사만 하더라도…" 하는 식으로 스스로 이야기를 끄집어내도록 분위기를 유도해야 한다는 사실이다.

내친김에 영업에서 스톡 스필을 효과적으로 구사하는 방법을 좀더 깊이 있게 알아보자!

・・・・

영업직원 최근 혁신적인 기술로 높은 평가를 얻고 계시는데요, 그러다 보면 자칫 전통적 기술이 가진 우수성을 간과하기 쉬운데, 귀사는 전혀 그런 오류를 범하지 않으셨더군요. 그래서인지는 모르지만 모든 직원이 자유로운 발상 속에서도 현실을 망각하지 않는 냉정함과 정확성으로 무장하고 있다는 생각이 들었습니다.

고객 오호, 섬세한 부분까지 상당히 예리하게 꿰뚫고 계시네요. 이번에 출시된 신상품도 주위 분들은 획기적이라며 칭찬을 아끼지 않습니다만, 사실은… 기본 아이디어는 옛 선조들의 기술에서 착상을 한 것입니다. 저희는 그저 과감히 모험을 선택했을 뿐이라고나 할까요? 시대를 앞서가는 참신한 혁신이라는 것도 과거의 부단한 노력이 없고는 이뤄질 수 없는 겁니다.

• • •

이렇게 고객이 '참신한 시도'로 주가를 올리고 있는 기업에 다니고 있다면, 먼저 그 부분을 높이 평가해주면서, 전혀 상반되는 내용을 함께 평가해주는 스톡 스필을 구사하면 쉽게 긍정적인 쪽으로 끌어 당길 수 있다.

• • •

"혁신적이면서도, 현재를 있게 한 과거의 기술을 소중하게 여기시네요."
"어떻게 하면 저렴한 상품을 개발할 수 있을까 고민하면서도 연구개발이나

설비만큼은 투자를 아끼지 않으시네요."

"해외시장에서 인지도를 높이는 데 큰 성공을 거두셨지만, 무엇보다 국내 소비자의 니즈를 가장 중요하게 여기신다고 들은 적이 있습니다."

· · · ·

이미 화려한 스포트라이트를 받은 부분은 누구나 알고 있고, 실제로 많은 사람들로부터 칭찬을 들은 후다. 여기에 또 그 이야기를 보태면, 칭찬도 자꾸 들으면 욕처럼 들리는 것처럼, 오히려 부작용을 일으킬 수 있다.

어떤 물체가 빛처럼 빠른 속도로 돌진하면 이에 비례하는 마찰력이 발생하듯, 두드러지게 성공한 이면에는 반드시 눈에 보이지 않는 반대 요소가 동일한 힘으로 균형을 맞추고 있다.

예를 들어 버릇없고 제멋대로 행동하는 사람일수록 지독하게 외로움을 탄다거나, 바깥에서는 목소리가 크고 박력 넘치는 사내대장부가 집에 돌아가면 순한 양처럼 아내에게 애교를 떠는 것도 비슷한 이치다. 어쩌면 이러한 상반된 이미지는 동전의 양면, 빛과 그림자처럼 떼려야 뗄 수 없는 관계일지 모른다.

따라서 고객이나 기업을 상대로 영업을 할 때도 이러한 특징을 잘 파악해 스톡 스필을 구사하는 것이 중요하다. 고객이 "사실은…"이라고 대답하게끔, 상반된 평가를 함께 제시하면 고객은 스스로 호의적인 반응을 보이면서 '이 사람은 꽤 깊은 곳까지 꿰뚫고 있군' 하며 당신을 새삼 달리 볼 것이다.

그렇다고 내용은 생각지도 않고 기계적으로만 상반된 평가를 내놓아서는 안 된다. 이를테면 "귀사는 지금까지 지역사회에 지대한 공헌을 해오고 계십니다만, 일각에서는 자사의 이익만 우선한다는 의견도 분분한 것으로 알고 있습니다"라는 식으로 말을 꺼냈다가는, 그 즉시 경비원에게 질질 끌려나가 문 밖으로 내동댕이쳐질지 모른다.

아주 당연한 충고지만, 어떤 커뮤니케이션 기술이든 어디까지나 상식의 범위 내에서 활용해야 한다는 사실을 명심하기 바란다.

3단계 | "어쩌면 이렇게 훌륭하신가요?"

앞에서 무언가 상담을 받고 싶은 사람들의 걱정거리는 대개 다음 네 가지 중 하나라고 이야기했다.

| 1. 인간관계 | 2. 금전(경제 전반) | 3. 꿈(목표) | 4. 건강 |

물론 이 카테고리가 기업의 니즈와 정확히 일치한다고 볼 수는 없으며, 기본적인 회사 분위기나 가치관에 따라 큰 차이를 보일 수 있

다. 하지만 기본적인 개념을 대입해보면 결국 이 범주에 해당한다는 사실을 알 수 있다.

· · · ·

1. 직원들의 업무 향상 동기부여 등 인재 관리에 관한 과제
2. 이익, 경비, 투자 등 금전 관리에 관한 과제
3. 사업전개 방향, 사업 확장 등 기업의 장래와 관련된 과제
4. 지역사회와의 공존 혹은 각종 불협화음 해결에 관한 과제

· · · ·

이것을 좀 더 단순하게 대입해 인재(직원)·상품·자금과 관련된 범주로 나눠보자. 어떻든 고객(기업)의 업종과 규모에 따라 카테고리를 분석해보는 작업이 필요하다. 이런 방식으로 고객의 니즈를 정확히 파악하기 위해 여러 단계를 고민하게 되면 무턱대고 고객의 정보를 캐내려고 달려드는 것보다 훨씬 효율적이다.

이렇게 카테고리를 몇 가지로 정했으면, 이제 고객의 니즈가 어떤 카테고리에 속하는지 탐색전에 들어가야 한다.

예를 들어 '직원들의 업무 향상 동기부여', '인재 관리(직원교육)'라는 쪽으로 카테고리를 잡았다고 하자. 그렇다고 "직원들이 업무 역량을 향상시킬 수 있도록 동기를 부여할 어떤 계획이 있으신가요?"

하고 노골적으로 묻는다면 경우에 따라 고객은 '언제 봤다고 남의 회사 문제에 감 놔라 배 놔라 하는 거야!' 하고 언짢아할 수 있다.

이럴 때는 아무리 회사 분위기가 수동적이고 가라앉은 듯이 보이더라도, "회사 분위기가 차분하고 참 좋네요. 어떻게 하면 이럴 수 있죠!" 하고 감탄사를 연발하는 것이 좋다. 그러면 상대는 자못 겸연쩍은 표정으로 "분위기가 좋기는요. 겉보기에는 어떨지 몰라도, 사실은…여러 문제가 있습니다" 하고 스스로 입을 열기 시작한다.

내가 어떤 회사의 CEO를 상대로 영업을 한다고 가정해보자.

• • •

영업직원 사장님, 이렇게 불쑥 찾아봬서 대단히 죄송합니다. 그런데 직원 분들 표정이 어쩜 이렇게 활기가 넘치나요. 뭔가 사장님만의 독창적인 노하우가 있는 것 같은데, 좀 알려주실 수 없으신가요?

고객 아닙니다. 아니에요. 무슨 그런 말씀을. 사실은… 요즘 불경기잖습니까? 어디나 마찬가지겠지만 우리도 승진이나 급여 인상 같은 건 아예 꿈도 못 꾸고 있는걸요. 그래서인지 요즘 들어 직원들의 사기도 뚝 떨어져 있어요. 게다가 지각에다 무단결근이 눈에 띄게 늘었습니다. 뭔가 특단의 조치를 내리기는 내려야 하는데….

• • •

만약 회사 분위기에 문제가 없고, CEO도 전혀 문제에 대한 자각이 없다면 이런 식으로 분위기를 바꾸는 방법이 있다.

· · · · ·

영업직원 사장님, 이렇게 불쑥 찾아봬서 대단히 죄송합니다. 그런데 직원 분들 표정이 어쩜 이렇게 활기가 넘치나요. 뭔가 사장님만의 독창적인 노하우가 있는 것 같은데, 좀 알려주실 수 없으신가요?

고객 글쎄요. 그렇게 느끼셨나요? 하긴 오늘이 금요일이니까 모두들 주말에 놀러갈 생각으로 표정이 밝은 게 아닐까요?

영업직원 하하하. 그렇군요. 사장님께서는 이번 주말에 특별한 계획이라도 있으십니까?

· · · · ·

예측이 다소 빗나갔더라도 이렇게 스스럼없이 이야기의 방향을 근황이나 안부로 돌리면, 안전하게 고객과 신뢰관계를 구축하고 대화를 자연스럽게 이끌어갈 수 있다. 꼭 기억해야 할 것은 "어쩌면 이렇게 훌륭하신가요?"라는 뉘앙스의 표현이다. 꼭 한번 구사해보기 바란다.

4단계 | 문제의식을 현실로 이끌어내라

자, 이제 당신은 고객이 안고 있는 고민의 카테고리를 대략적으로나마 파악했다. 예를 들어 앞의 예문처럼 '불경기로 직원들의 사기가 떨어져 뭔가 대책을 세워야 한다'고 고민하는 CEO를 고객으로 맞았다고 해보자. 이제 이 고민을 해결할 수 있는 구체적인 제안으로 범위를 좁히는 단계로 넘어가야 한다.

이 단계에서는 부정의문문을 사용해 '예스'나 '노' 어떤 걸로 대답해도 결국 모두 맞춘 것으로 몰고가는 화법 '서틀 네거티브' 카드를 꺼내들어야 한다.

· · ·

영업직원 (고개를 갸우뚱거리며) 동기부여를 강화하기 위한 직원 연수프로그램 같은 건 아직 검토하신 적이 없으신 거죠?(SN)

고객 아, 예. 사실은 그런 세미나가 있으면 우리 직원들 몇 명을 참석시켜볼까 하고 생각하던 참입니다.

영업직원 (고개를 끄덕이며) 역시 그러셨군요. 확실히 사장님께서는 본질적인 해결책을 고민하고 계셨던 겁니다. 제게 좋은 제안이 있습니다만, 잠시 말씀드려도 괜찮겠습니까?

· · ·

만약 CEO가 외부 세미나를 검토해본 적이 전혀 없다고 해도, 서틀 네거티브 패를 잘만 활용하면 어떤 방식으로든 대화를 이끌어나갈 수 있다.

• • •

영업직원 (고개를 갸우뚱거리며) 동기부여를 강화하기 위한 직원 연수프로그램 같은 건 아직 검토하신 적이 없으신 거죠?(SN)

고객 (고개를 가로저으며) 그게 말입니다. 연수 같은 것으로 해결될 문제가 아니지 않습니까?

영업직원 (고개를 끄덕이며) 역시 그런 생각을 하고 계셨군요. 아무래도 그 부분에 관한 설명이 부족했던 것 같습니다. 사장님 회사처럼 모든 것이 완벽한 환경에서 직원 분들의 사기가 저하될 리가 없는데, 참 이상하다 생각하고 있던 참이었거든요. 동기부여 강화 프로그램이 구체적으로 어떤 것인지 간략하게 소개해도 괜찮겠습니까?

• • •

문장으로만 훑다보면 과연 이렇게 덜컹거리지 않고 대화가 이어질까 하는 의문도 들고 막상 고객과 맞닥뜨리는 상황에서는 아무 짝에도 쓸모없지 않을까 하고 생각하는 사람이 있을 것이다. 하지만 대화를 하면서 상대의 말을 직접 응수하다 보면 염려하는 것보다 훨씬 간단하고, 그 효과도 크다는 사실을 깨닫게 될 것이다.

어떤 일이든 직접 시도하지 않으면 아무것도 얻을 수 없다.

부디 약간은 엉뚱한 이 노하우를 직접 행동에 옮겨 우아하고 개성 넘치는 영업의 달인이 되기를 바란다.

5단계 | 자신에 대한 인상을 깊게 심어라

이렇게 콜드리딩의 영업편 실전 4단계 징검다리를 건넜다면 고객에게 당신이 소개(나아가 판매)하고 싶은 상품이나 서비스를 설명할 수 있는 기회를 손에 쥔 셈이다.

물론 4단계가 끝나자마자 고객이 "그거 좋습니다. 일단 계약부터 하고 봅시다" 하고 흔쾌히 계약서에 사인을 한다면 더 바랄 것이 없겠지만, 사실 그럴 확률은 거의 제로에 가깝다.

중요한 것은 지금 이 순간의 만남이 상대에게 깊은 인상을 남길 수 있도록 최선을 다해야 한다는 사실이다! 그렇게만 된다면 다음 만남에서는 더 깊이 있는 라포르가 구축되고 결과적으로 보다 원만한 계약을 맺을 수 있을 것이다.

아주 뛰어나게 콜드리딩을 구사할 수 있는 사람이라면 이 상황에서 곧바로 '서틀 프리딕션' 카드를 꺼내 미래를 예언할 것이다. 우리는 앞에서 '절대 빗나갈 리 없는 예언, 가능하면 범위가 넓고 실현되기 쉬우며, 웬만해서는 틀렸다는 사실을 증명할 수 없도록 예언하는 것'을 서틀 프리딕션이라고 배웠다. 이것은 콜드리딩의 마지막 단계이자, 또 다른 관계의 물꼬를 트는 작업이다.

하지만 공적인 비즈니스 현장에서 느닷없이 '예언' 어쩌고 하는 말을 했다가는 자못 분위기가 뜬금없어져 공든 탑이 무너질 수 있다. 따라서 5단계에서는 고객이 당신에 대한 인상을 뚜렷이 기억할 수 있도록 서틀 프리딕션의 기본 개념을 약간 변용해 이야기를 마무리하는 것이 좋다.

・・・

영업직원 아마 직원 분들 중에는 자비를 들여서라도 연수나 세미나에 참가하는 분이 있을지 모릅니다. 사장님께서 조금만 귀를 기울이시면 충분히 그들의 목소리를 들으실 수 있을 겁니다.

고객 글쎄요. 과연 우리 회사에 사비를 투자하면서까지 노력하는 사람이 있을까요?

・・・

이 CEO가 이야기를 듣고 복도를 지나가는 직원을 불러 세워 다짜고짜 "자네, 자네 돈을 들여 세미나에 참석한 적 있나?" 하고 묻지는 않더라도, 이 고객의 마음속에는 어느 정도 문제의식이 똬리를 틀었을 것이다. 다시 말해 어쩌다 직원들 사이에서 '동기부여 강화 연수 프로그램에 참석했다', '커뮤니케이션 스킬을 배울 수 있는 세미나에 참석했다'라는 이야기가 들려오면 고객의 머릿속에는 당신이 가장 먼저 떠오를 것이라는 말이다. 그것도 "야, 그 젊은 친구 말이 사실이었네!" 하는 감탄사와 더불어 말이다. 물론 이 기술은 '동기부여 세미나' 같은 특수사항에만 해당되는 이야기가 아니다.

· · ·

영업직원 업무 시스템에 관한 불만의 목소리가 일일이 사장님에게 전달될 수야 없겠지만, 아마 현장에서는 다소 불만이 생겨나고 있으리라 봅니다.

고객 업무 시스템을 바꿔달라는 요청 같은 건 들어본 적이 없는데….

· · ·

이 정도 대화면 CEO의 마음속에는 이미 업무 시스템에 대한 문제의식이 자리 잡게 된다. 푸조 자동차를 사리라 마음먹고 있으면, 온통 거리에 푸조 자동차만 보이는 것처럼, 지금까지 무신경하게 스쳐 지났던 업무 시스템 문제를 향해 안테나가 민감하게 작동하기 시작한다. 그러다 어떤 계기로 업무 시스템에 관한 직원들의 불만이 하나둘씩 들려오면, CEO는 '그러고 보니 언젠가 그 영업직원이 그런 이야기를 했었지'라며 당신을 떠올리게 된다.

 만약 불만의 소리가 이 CEO의 귀에 전혀 들어가지 않는다면? 그렇더라도 걱정할 필요 없다. 그저 당신을 떠올릴 일이 없을 뿐이니까.

 맞혔을 때만 적중했다고 실감하는 절대 빗나갈 리 없는 예언, 어떤 상황에서도 서틀 프리딕션을 활용할 수 있다는 사실이 놀랍지 않은가?

 대수롭잖게 지나가듯 나눈 이야기 덕분에 당신이 없는 곳에서조차 당신의 존재가치와 능력을 판매할 수 있다면, 이 콜드리딩 기술을 좀 더 연구하고 연마할 가치가 충분히 있지 않은가?

콜드리딩 실전편 **서비스·판매**

가방 안 멘 방향에 인사하라

앞에서 영업을 예로 들어 콜드리딩 5단계가 어떤 방식으로 이뤄질 수 있는지 살펴봤다. 이미 파악했겠지만, 저마다 다른 상황에서도 콜드리딩은 기본적으로 이 다섯 단계를 따르기 마련이다. 따라서 이제부터 소개할 서비스·판매 실전 편에서는 중언부언하는 것을 피하기 위해 각 단계를 하나하나 훑지 않고 키워드나 힌트가 될 만한 사례를 예로 들어 설명할 것이다.

사람의 마음에는 입구가 있다

영업과 '형제' 관계에 놓인 직업 중에 서비스업과 판매업이 있다. 둘은 고객과 일대일로 대면한다는 공통점 때문에 기본적인 단계는 별반 차이가 나지 않는다. 하지만 영업이 발품을 팔아 직접 고객을 찾아가야 한다면, 서비스·판매는 고객이 직접 '나'를 찾아오고 나서야 비로소 상황이 시작된다는 데 차이가 있다.

당연한 이야기지만, 서비스·판매 분야는 어떤 상황보다 첫 만남이 차지하는 비중이 크다고 할 수 있다.

첫인상은 이론이나 논리가 아니라 본능이나 직감에 따라 좌우된다. 따라서 상대방에게 어떤 첫인상을 주느냐는 문제는 내가 어쩔 수 없는 부분처럼 여겨질 수도 있다.

물론 고객에게 좋은 인상을 남길 수 있는 첫마디를 건네는 방법은 있다. 우리는 1부에서 왼쪽과 오른쪽 눈이 깜빡이는 속도가 다르다는 이야기를 하면서, 사람은 누구나 '예민한 쪽(의식 방향)'과 '둔감한 쪽(무의식 방향)'이 있다는 사실을 배웠다.

이를테면 누구와 길을 걸어갈 때 상대의 왼쪽에 서야 마음이 편안해진다거나 오른쪽에 누가 서 있어야 뭔가 아귀가 딱 맞아떨어지는 느낌이 드는 것도 의식·무의식 방향에서 비롯한다는 사실이다.

똑같은 사람인데도 저마다 의식 방향과 무의식 방향이 나눠지는 것은 '마음에도 들어오는 문, 즉 입구'가 있기 때문이다. 다시 말해 사람은 뭔가 내 쪽으로 들어오기를 바라는 쪽과 방해받고 싶지 않은 쪽이 공존한다는 것이다. 따라서 누가 마음의 입구를 찾아 그쪽으로 다가오면 아무 거리낌 없이 마음을 열어주지만, 반대쪽으로 다가오면 저도 모르게 흠칫 경계하기 마련이라는 것이다.

결국 고객의 '마음의 입구'가 어느 쪽인지만 알아차릴 수 있어도 서비스·판매업의 성공 확률을 훨씬 높아진다. 그렇다면 사람마다 다른 '마음의 입구'를 어떻게 알아챌 수 있을까? 방법은 아주 간단하다.

가방 멘 쪽으로 다가오지 마세요

제일 쉽게 알 수 있는 방법은 가방을 들고 있는 방향이다. 사람의 '마음의 입구'는 오른쪽 아니면 왼쪽이다. 가방을 멘 쪽은, 무의식적으로 누군가의 접근을 가로막고 싶어 하는 마음이 그렇게 드러난 것이다. 가방을 왼쪽에 멘 사람이라면, 누가 왼쪽으로 다가오는 것을 경계하기 마련인 것이다.

물론 보다 상세하고 확실한 방법도 있지만, 서비스·판매업은 아주 짧은 시간 안에 고객을 사로잡는 게 관건이므로 눈에 쉽게 띄는 부분부터 관찰하고 판단할 수 있는 방법을 먼저 설명하는 것이 적절하다.

지금 막 당신의 매장 안으로 젊은 남자 손님이 들어왔다고 치자. 이 손님은 왼쪽 어깨에 검정색 가방을 메고 있다. 그렇다면 당신은 절대 손님의 왼쪽으로 다가가 "어서 오세요" 하고 인사를 건네서는 안 된다. 대신 아무것도 들려 있지 않은 오른쪽으로 다가가서 슬쩍 인사를 건네보라. 그러면 고객은 단박 당신에게 어떤 반응을 보일 것이다.

이 이야기를 읽으면서 "그렇다면 가방을 가로질러 멘 손님이 들어오면 대체 어떻게 하란 말이야?" 하고 꼬투리를 잡고 싶은 사람이 분명 있을 것이다.

물론 이것도 간단하게 해결할 수 있다. 이때에는 가방 끈이 걸려 있는 어깨가 아니라 가방 몸체가 어느 쪽으로 와 있는지 보고 '마음의 입구'를 판단하면 된다. 즉 가방 끈이 아닌 가방 반대쪽에서 반갑게 인사를 건네면 고객으로부터 긍정적인 반응을 이끌어낼 수 있다.

따지고 보면 콜드리딩의 세계라는 것은 지극히 사소하다. 하지만 자고로 마음속에 새겨지는 첫인상이란 이렇게 사소한 부분에서 승패가 갈린다고 해도 과언이 아니다. 더욱이 콜드리딩의 기본 5단계를 마스터한 우리는 서틀티 등 잠재의식의 아주 미묘한 부분이 사람들에게 얼마나 큰 영향을 미칠 수 있는지 익히 알고 있으므로, 이러한 사실을 더욱 귓등으로 흘려들어서는 안 된다.

서비스가 완전히 달라졌다거나, 매출이 부쩍 올랐다고 입소문이

난 가게들의 비결을 들어보면 대체로 이렇게 사소한 것에 대해 요령을 쌓고 노력했기 때문에 생겨난 결과가 대부분이었다.

필자는 얼마 전 한 TV 프로그램에 출연해 이 차이를 직접 검증해 보인 적도 있다. 길거리에 나가 아무 여성이나 붙들고 말을 걸어보는 실험이었는데, 가방을 들지 않은 쪽(마음의 입구)에서 말을 걸었을 때가 그렇지 않았을 때보다 가던 걸음을 멈추게 하는 확률이 월등하게 높았다.

이제 어느 쪽에서 말을 건네느냐 하는 간단한 방법만으로도 하루 매상이 완전히 달라질 수 있다.

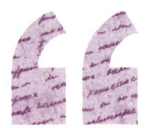

콜드리딩 실전편 **취업·면접**

어떤 인재를 원하십니까

면접 역시 '자신을 판매한다'는 의미에서 영업과 비슷한 콜드리딩을 구사하는 것이 바람직하다.

쉽게 말하면 '고용주가 선호하는 인재상'만 정확히 파악하면 얼마든지 상대의 니즈에 맞춰 나를 표현할 수 있다는 것이다. 면접관 앞에서 아무리 폼을 잡고 우렁찬 목소리로 자기소개를 하더라도, 결국 고용주가 원하는 사람이 아니면 면접 시간 내내 벽을 보고 떠들어댄 것이나 다름없다.

그렇다고 대뜸 "어떤 직원을 찾으십니까? … 아, 그런 사람이라면 바로 제가 적격인 것 같습니다" 하고 설레발을 칠 수도 없는 노릇.

이 책을 읽은 당신이 지금 면접을 앞두고 있다면, 바로 '서틀 퀘스천' 카드를 꺼내들 타이밍이다.

서틀 퀘스천으로 기업이 원하는 인재상을 찾아라

다시 한 번 서틀 퀘스천 방법을 떠올려보자!

'뭔가를 질문하고 있다는 사실을 전혀 상대방이 의식하지 못하도록 분위기를 조장한 상태에서 질문을 해나가는 기술', 이것이 바로 서틀 퀘스천이다. 서틀 퀘스천의 핵심은 절대 직접적으로 묻지 않는 것이다.

· · ·

지원자 이번 채용에서 리더십도 중요한 자격요건입니까?(SQ)

면접관 글쎄요. 하긴 묵묵히 주어진 일만 하면서 월급이나 타가려는 직원은 그리 바람직하지 않겠죠.

지원자 (고개를 끄덕이며) 역시 제 판단이 옳았군요. 귀사의 분위기로 봤을 때 말단 영업직원이라도 막중한 책임감이 없으면 안 될 것 같다는 생각이 들어 입사지원을 하게 되었습니다.

면접관 그렇다면 젊은이는 리더십에 관해서는 자신 있다는 뜻인가요?

지원자 네, 그렇습니다. 카리스마 넘치는 강렬한 리더십까지는 아니더라도, 직원 한 사람 한 사람이 회사의 얼굴이라는 자부심을 가지고 그에 걸맞는 리더십을 저 나름대로는 소중히 여기고 있습니다.

. . .

당신이 꺼내든 서틀 퀘스천에 면접관은 "묵묵히 주어진 일만 하면서 월급이나 타가려는 직원은 탐탁찮다"라며 자신들이 바라는 인재상을 실토하고 말았다. 결국 '리더십'에 관해 긍정적이라는 뜻이다. 그렇다면 당신은 그들이 바라는 대화를 술술 풀어내주기만 하면 되는 것이다.

하지만 지나치게 상대의 비위만 맞추려 하다 보면 아부 근성이 있는 사람처럼 비춰질 수 있으므로 적절한 수위를 유지하는 것이 좋다. 따라서 "강렬한 리더십까지는 아니더라도" 정도의 겸양을 떨면서 "직원 개개인이 회사의 얼굴이라는 자부심을 가지고 그에 걸맞는 리더십을 갖추었다"라는 당신의 가치관을 밝혀 면접관의 호감을 살 수 있는 것이다.

물론 면접관이 리더십에 관해 부정적인 견해를 피력해도 콜드리딩은 분위기를 가뿐하게 역전시킬 수 있다.

• • •

지원자 이번 채용에서 리더십도 중요한 자격요건입니까?(SQ)

면접관 아닙니다. 책임자들은 충분히 있으니까요.

지원자 (고개를 끄덕이며) 그러시군요. 다행이네요.

면접관 리더십은 자신이 없는 모양이로군요?

지원자 자신이 없다고 할 수는 없지만, 그보다는 팀워크가 좋을수록 제대로 실력을 발휘하는 스타일이라서 말입니다.

• • •

리더십이 그다지 중요하지 않다는 이야기는, 결국 자아가 너무 강한 사람보다 팀원들과 조화를 이루며 능동적으로 일하는 인재를 원한다는 의미다. 이럴 경우 자신을 '팀워크가 좋을수록 제대로 실력을 발휘하는 스타일'이라고 표현함으로써 개성이 너무 강한 사람이라기보다는 남과 조화를 이루는 사람으로 소개해야 한다. 이런 사실은 이제 콜드리딩 초짜라도 당연히 알 수 있는 사실일 것이다.

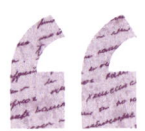

콜드리딩 실전편 **사교모임**

나랑 똑같은 게 정말 많네요

공통화제를 찾아라

대부분의 사람이 동호회나 친목회에 나가면 처음 만나는 사람과 친해지고 싶어 필사적으로 '공통화제'를 찾는다. 서로 취미가 같거나 같은 친구를 알고 있으면 이야기가 술술 풀린다는 것을 경험으로 알고 있기 때문이다.

점술가들은 처음 만난 사람에게 손금이나 타로카드 등으로 운세를 봐주겠다며 환심을 사려고 한다. 점술가와 상담자 사이에 존재하는 매개체나 영매를 '미디엄(Medium)'이라고 부른다. 미디엄은 그 존재만으로도 두 사람 사이의 이야기를 아주 매끄럽게 만들어주는데, 그런 의미에서 공통화제도 처음 만나는 두 사람 사이의 어색한 분위기를 부드럽게 풀어주는 일종의 '미디엄'이라고 볼 수 있다.

그렇다면 어떻게 해야 공통화제를 쉽게 찾을 수 있을까?

물론 처음 만난 사람에게 "취미가 뭐지요?", "쉬는 날에는 주로 뭘 하며 보내세요?", "축구 좋아하세요?" 등등 속사포처럼 질문 공세를 퍼붓다 보면 무엇이 되었든 공통점 한두 가지는 찾아낼 수 있다. 하지만 어떻게든 친해지려고 목에 핏대를 세운 당신의 모습을 상상해보면, 그렇게까지 해서라도 인간관계를 넓혀야 하는지 회의가 밀려온다.

적어도 콜드리딩을 배운 사람이라면, 과감히 '서틀 퀘스천' 카드를 꺼내 세련되고 간단하게 상대를 사로잡을 수 있어야 하지 않을까?

· · ·

나 뭐랄까, 어쩐지 락 음악을 좋아하실 것 같은 분위기에요.(SQ)

상대 어머, 그래요? 제가 사실은 레드 제플린 왕 팬이거든요.

나 그래요? 저도 레드 제플린 팬입니다. 정규 앨범을 전부 소장하고 있을 정도예요.

상대 어머 그러시구나. 'Stairway to Heaven' 정말 좋지 않아요?

· · ·

이 대화를 보면, 무턱대고 "어떤 음악을 좋아하세요?" 하고 묻는 것보다 훨씬 자연스러운 분위기가 이어지고 있다. '나'는 상대의 정보를 캐내려고 어떤 질문도 하지 않았다. 상대도 내가 어떤 속셈을 가지고 자기를 떠보려고 한다는 경계심을 품지 않기 때문에, 스스럼없이 기분 좋게 자기 자신을 드러낸다.

이렇게 서틀 퀘스천을 구사하면 상대는 누가 자신을 탐색하고 있다는 사실을 전혀 눈치 채지 못한다. 더욱이 정말 락 음악을 좋아하는 사람이었다면, 이제 당신과 상대는 찰떡궁합을 과시하는 친구가 될 날이 머지않았다. 물론 상대가 레드 제플린이나 로버트 플랜트, 지미 페이지가 어떤 사람인지 모르는 문외한이라도 서틀 퀘스천은 구렁이 담 넘어가듯 두 사람의 이야기를 이어주게 된다.

・・・

나 뭐랄까, 어쩐지 락 음악을 좋아하실 것 같은 분위기에요.(SQ)

상대 그래요? 사실 락 음악은 그저 그런데.

나 그래요? 분위기가 모던하고 리버럴해 보여서 그쪽 음악과 굉장히 잘 어울려 보였거든요. 그럼 주로 어떤 음악을 좋아하세요?

・・・

서틀 퀘스천은 상대가 예스나 노, 어떤 걸로 대답해도 맞추는 것으로 분위기를 몰고가는 기술이라고 우리는 분명히 배웠다. 비록 락 음악을 좋아하지 않는 사람이더라도 어떻게 이야기가 흘러갈지 이제 당신은 충분히 짐작할 수 있지 않은가?

점쟁이들은 어떤 도구로 믿음을 주는가?

점술가들은 점을 칠 때 손금, 타로카드, 주역, 수정, 룬스톤(Runestone), 펜듀럼(Pendulum, 진자振子), 별자리 같은 도구를 사용한다. 물론 이런 영매들을 사용하지 않고 오직 영감만으로 상담을 한다는 점술사도 있지만, 이들 역시 내담자에게서 뿜어져 나오는 기(氣)를 감지한다거나, 어떤 형태로든 '영매'를 사용한다.

이렇게 다양한 형태의 영매를 가리켜 미디엄이라고 하는데, 이들은 콜드리딩의 원리에서 중요한 역할을 담당한다.

예를 들어 '내부에 분쟁이나 갈등이 있음을 의미하는 카드가 나왔는데, 딱히 집히는 거라도 있으십니까?'라고 물었을 때, 정말로 심증이 가는 부분이 있다면 내담자는 그와 연관된 구체적인 이야기를 털어놓을 것이다. 그러나 사실 '내부적인 분쟁이나 갈등'이 전혀 없다고 하더라도, '내담자가 카드 내용과 자신의 문제를 연결짓지 못하고 있다'거나 '콜드리더가 카드 점괘를 적절하게 해석하지 못했다'는 정도로만 판단될 뿐, 콜드리더 능력에 대한 시시비비나 신뢰성 자체에는 어떤 영향도 미치지 않는다.

'적절하게 해석하지 못했다'와 '콜드리딩이 빗나갔다'는 뉘앙스부터 엄연히 다르기 때문이다.

콜드리딩 실전편 **회의·프레젠테이션**

손짓 하나로 프레젠테이션의 달인이 되자

당신은 월요일 아침 회의 시간에 발표해야 할 프레젠테이션 과제를 맡았다.

상사와 동료, 후배 앞에서 혹시라도 실수나 하지 않을까 벌써부터 한숨이 나온다면, 우리가 제일 처음 배운 '서틀티'를 다시 한 번 떠올려보자.

서틀티는 '의식이 미처 손 쓸 틈도 없는 아무런 느낌도 없는 상태, 지나치게 미묘해서 자연스럽게 지나쳐버리는 상태'라고 배웠다. 우리는 간단한 손동작 같은 몸짓으로 상대의 서틀티를 조정할 수 있다.

예를 들어 이번 주 프레젠테이션 주제는 '직원연수 프로그램 신상품 출시를 앞둔 시장 경쟁력 분석'이라고 가정하자.

당신은 평소처럼 편안한 마음으로 프레젠테이션을 진행하되, 딱 하나만 염두에 두면 된다. 바로 당신이 판매해야 할 신상품을 설명할 때는 왼손을 들고, 기존 시장에 나와 있는 타사 프로그램은 오른손을 드는 것이다.

다시 한번 명심하자!

우리 회사 신상품은 왼손, 타사 프로그램은 오른손!

손짓에 답이 있다

이제 본격적인 프레젠테이션이 시작됐다.

당신은 본격적인 내용 소개에 앞서 "업무 효율을 올리기 위해 새로운 프로그램을 도입할 때 가장 중요하게 따져봐야 하는 것은 당연히 얼마나 업무에 도움이 되는가입니다" 하고 서두를 말하고 있다. 이때 살짝 왼손을 움직여준다.

여기서 왼손은 '업무에 도움이 되는 기능에 충실한 프로그램이 바로 우리가 이번에 출시한 신상품이다'라는 의미로 청중의 무의식에 전달된다.

무슨 말인지 이해가 되는가?

"바야흐로 글로벌 시대 아닙니까? 지금 모든 기업이 최단시간에 최대의 효과를 끌어올릴 수 있도록 직원교육에 사활을 걸고 있습니다"라고 이야기하면서 왼손을 살짝 들어주면 이 사소한 손동작이 '우리 신상품이 바로 최단시간에 최대의 효과를 끌어올릴 수 있는 프로그램이 될 수 있다'는 몇 마디 말과 다름없다는 뜻이다.

반면, "실무에서는 전혀 도움도 되지 않는, 즉 이론만 강조하는 프로그램은 되레 직원들의 사기만 떨어뜨릴 뿐입니다"라고 설명할 때는 오른손을 살짝 들어올린다. 눈치 챘겠지만 이 오른손은 '다른 회사에서 기존에 제공했던 프로그램은 실무에 전혀 도움이 되지 않는다. 오히려 직원들의 사기만 떨어뜨리고 시간만 잡아먹을 뿐이다'라는 내용을 암시한다.

이것이 바로 서틀티의 묘미다.

만약 이 프레젠테이션에서 서틀티를 구사하지 않고, "우리 신상품이 업무 효율성을 최고로 높일 수 있습니다!"라고 흥분한 말투와 표정을 지으며 노골적으로 홍보에만 열을 올린다면 어떤 결과가 나올까?

아마 프레젠테이션에 참석한 사람은 다이어리 빈칸에 낙서를 하거나, 입을 꾹 다문 채 속으로는 '무슨 근거로 검증되지도 않은 신상품이 최고라는 거야? 완전히 자아도취에 빠졌구만' 하고 빈정거리며 끓어오르는 반발심만 내리누르고 있을 것이다. 어쩌면 이것은 너무 당연한 반응이다.

  하지만 서틀티를 구사한 당신의 이야기를 들은 사람들의 반응은 사뭇 다르다. 물론 당신은 그저 '업무 효율을 올리기 위해 새로운 프로그램을 도입할 때 가장 중요하게 따져봐야 하는 것은 얼마나 업무에 도움이 되는가입니다'라는 일반론을 피력했을 뿐이다. 당신은 우리 회사의 신상품이 최고라는 식의 노골적인 홍보는 입도 뻥긋 하지 않았다. 원인 제공도 하지 않았으니 프레젠테이션을 듣는 청중들이 어떤 반발을 할 리도 없다. 따라서 프레젠테이션은 요즘 기업들의 추세나 경제상황 등을 되짚어보며 자못 진지하면서도 물 흐르듯 막힘없이 흘러갈 수밖에 없다. 물론 프레젠테이션이 거의 끝나갈 즈음에는 참가자들의 머릿속에 '업무 효율을 높이려면 이 신상품을 한 번 적용해봐야겠군. 내용이 아주 충실해'라는 긍정적인 생각이 마치 스스로 내린 판단처럼 자리잡게 되는 것은 당연하다.

'대박' 아니면 '아무 문제 없음'

물론 이렇게 성공적인 프레젠테이션의 전제 조건은 어디까지나 이야기를 듣는 사람이 전혀 의식할 수 없도록 서틀티를 조장할 수 있어야 한다는 것이다.

물론 서틀티의 가장 큰 이점은 실패하더라도 별다른 손해를 볼 게 없다는 것이다. 왜냐하면 정작 상대는 당신이 어떤 심리 유도를 했다는 사실을 까맣게 모르기 때문이다. 다시 말해 서틀티는 당신이 원하는 바를 이루면 '대박(High-Return)'이고, 설령 실패해도 아무 문제없는(No-Risk) 마법의 커뮤니케이션 스킬이라는 것이다.

따라서 실패를 두려워하지 말고 주저없이 서틀티에 도전해보자. 용기를 낼수록 당신의 프레젠테이션은 더 많은 청중을 사로잡을 수 있다.

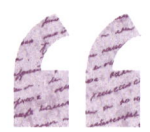

콜드리딩 실전편 **거절하는 방법**

'NO'라고 말할 줄 아는 사람이 되자

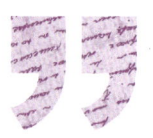

어차피 직장이라는 조직사회에서는 힘없고 약한 사람일수록 손해를 볼 수밖에 없다. 순하고 여려 보일수록 누군가 도움을 주기는커녕 개나 소나 제 하기 싫은 일을 떠넘기기 일쑤다. 게다가 우리나라 사람들은 남이 뭔가를 부탁하면 웬만해선 거절하지 못하는 성격이 많다.

하지만 언제까지 싫은 일에도 억지웃음을 지으며 살 수는 없는 법. 이제부터 상대에게 싫은 내색을 하지 않고 거뜬히 거절할 수 있는 콜드리딩의 세계로 들어가보자.

물론 'NO'라고 말하기 힘든 상황은 직장생활에서만 일어나는 것은 아니다. 살다보면 가까운 사람에게 내키지 않는 부탁을 받고 난 처한 상황에 처하는 경우가 비일비재하다. 이때 콜드리딩은 '하지만'이라는 단어의 마법을 가르쳐준다.

'하지만'의 놀라운 위력

• • •

부장 ××씨, 미안하네만, 오늘 회의에 자네가 나 대신 좀 참석해줄 수 없겠나?
나 네, 알겠습니다. 하지만 우선 이 일을 끝내고 난 다음이라야 가능할 것 같은데요.
부장 아…, 자네도 무척 바쁜 모양이군. 그럼 다른 사람한테 부탁할 테니 하던 일 계속하게.

• • •

이 정도의 우회적인 거절이라면 일에 의욕이 넘치면서도 순종적인 부하라는 이미지를 상사에게 심어줄 수 있다.

물론 이렇게 순조롭게 거절할 수 있는 상황은 드물지 모른다. 어떻게 보면 상사는 말로는 다른 사람에게 부탁한다고 해놓고, 속으로 기분이 상했을지도 모른다. 하지만 이제까지 무슨 일이든 꾹 참고 시키는 대로 따르기만 한 사람이라면 성공 여부를 떠나 한번 시도해

볼 만한 가치는 충분하다고 본다.

그렇다면 '하지만', 이 한 마디 속에는 어떤 힘이 숨어 있는 것일까?

'하지만', '그러나', '그렇지만', '~지만', '~라고는 해도' 같은 접속사는 의식적으로는 거의 느끼지 못하지만 잠재의식에 꽤 큰 힘을 발휘한다. 바로 '하지만' 앞에 오는 문장의 위력을 약화시키고, 뒤에 이어지는 문장에 힘을 실어주는 것이다.

위의 예처럼 "네, 알겠습니다."라는 말은 온 데 간 데 없어지고, 뒤에 이어진 "이 일을 끝내야 하거든요."라는 문장에 방점이 찍히는 것이다. 따라서 부장의 의식에는 분명히 '알겠습니다. 이 일을 끝마치는 대로 회의에 대신 참석하겠습니다'라는 전혀 하자 없는 대답이 들리는데, 잠재의식에는 '지금 하고 있는 일을 마저 끝내야 하기 때문에 회의에는 대신 참석할 수 없습니다'라는 메시지가 전달돼, 다른 사람에게 부탁을 해야겠다는 생각을 하게 만드는 것이다.

서틀티는 이렇게 교묘하고 신비로운 세계다. 그래도 '하지만'의 힘이 좀처럼 이해되지 않는 사람은 다음에 나오는 문장을 감정을 실어 큰소리로 읽어보도록 하자.

・・・

A. 출세도 좋지만 제게는 취미 생활도 소중합니다.

B. 취미 생활도 좋지만 저는 출세도 하고 싶습니다.

...

 이 두 문장을 큰소리로 읽고 나자 어떤 느낌이 드는가? A는 일에 대한 의욕이 사그라지는데 반해, B는 일에 대한 애착이 훨씬 강하게 느껴진다.
 두 문장은 사실 의미상 큰 차이는 없지만, 막상 말로 되뇌고 보면 그 느낌이 사뭇 달라진다. '출세하고 싶다', '취미생활을 소중히 여기고 싶다'는 평범한 두 이야기가 '하지만'의 앞뒤 중 어디에 놓이느냐에 따라 전체적인 인상은 완전히 달라져버린다. 이것도 우리의 또렷한 의식과 상관없이 '하지만'의 위치에 따라 잠재의식에 전달되는 메시지가 다르기 때문이다.

담배를 피우고 싶지 않을 때, '하지만'

좀 더 재밌는 예로 '하지만'의 위력을 살펴보자.
 애연가인 친구와 함께 밥을 먹으러 갔다. 하지만 당신은 오래 전에 담배를 끊은 상태다. 친구는 자리에 앉자마자 "한 대 피워도 되지?" 하면서 담배 한 개비를 꺼내 입에 문다. 이때 당신은 어떻게 대답할 것인가?

콜드리딩을 아는 당신은 대수롭지 않다는 듯 지나가는 말투로 이렇게 대답한다.

"그럼, 괜찮지. 하지만 너무 많이 피우지는 마라."

물론 열이면 열 다 그렇지는 않겠지만, 아마 당신의 친구는 입에 문 담배에 불을 붙일까 말까 망설이다 결국 담뱃갑을 주머니에 도로 집어넣을 것이다. 당신은 분명히 "그럼, 괜찮지"라고 허락했는데, 왜 친구는 머뭇거리다 담배를 도로 주머니 속에 넣게 되었을까?

바로 친구의 잠재의식에 '하지만'의 마법이 작용한 것이다. '하지만' 앞에 온 '그럼 괜찮지'는 취소되고, 뒤에 온 '너무 많이 피우지 마라'라는 메시지가 친구의 마음을 움직이게 한 것이다.

친구의 마음속에 '하긴 그래. 요즘 스트레스를 많이 받는 탓인지 평소보다 담배를 훨씬 많이 피우긴 했지'라는 생각이 고개를 들기 시작한 것이다. 결국 잠재의식에 뿌리를 내린 '자제심'은 점점 강도를 더해 결국 담배를 도로 집어넣게 만드는 상황까지 만든 것이다.

가능하면 거절하고 싶은데, 대놓고 그럴 수 없을 때 이런 '하지만' 원리를 사용하면 의외로 큰 효과를 볼 수 있다.

'하지만', 난 네가 너무 좋아

물론 '하지만'이 상대방의 부탁을 정중하게 거절할 수 있는 방법으로만 쓰이는 것은 아니다. '하지만'은 상대의 마음을 확실히 사로잡고 싶을 때, 즉 상대의 마음에 확신을 심어주고 싶을 때도 큰 힘을 발휘한다. 다음과 같은 말을 살펴보자.

• • •

그런데 말이야, 자네는 정말 책임감이 정말 강하군.

• • •

생각하기에 따라 이 문장은 우스꽝스러워 보일 수 있다. 대체 뭘 보고 '그런데 말이야'라는 건지 도무지 알 수 없으니 말이다. 문법적으로는 분명히 뜬금없고 이상하지만 '커뮤니케이션'은 이성이나 논리보다는 '감'에 따라 좌우된다고 해도 과언이 아니다. 특히 실제로 말을 주고받을 때는 문법이 맞고 틀리고 하는 것은 전혀 문제가 되지 않는다. 다만 얼마나 강렬한 인상을 줄 수 있는가 하는 것이 대화의 승부를 결정적으로 판가름한다.

위 문장에서 '하지만'은 '자네는 정말 책임감이 강하군'이라는 칭찬에 확실히 무게를 실어주는 역할을 한다. 거듭 말하지만 '하지만은 늘 뒤따라오는 문장의 힘을 실어준다. 따라서 상대에게 강렬한 인상을 남기고 싶다면 하고자 하는 말 앞에 반드시 '하지만'을 달아야 한다.

고리타분한 직장 얘기는 일단 제쳐두고, '하지만'의 또 다른 위력을 만끽하고 싶다면 사랑하는 사람에게 '하지만'의 마법을 부려보는 것도 좋을 것이다.

・・・

그런데 있잖아, 어제도 네 꿈을 꾸었어.
하지만, 난 널 너무 좋아하는 것 같아.

・・・

'하지만', 이 한마디를 어떻게 활용하느냐에 따라서 당신의 '말솜씨'에 대한 평가는 완전히 달라질 수 있다.

콜드리딩 실전편 **전화 통화**

목소리가 얼굴이다

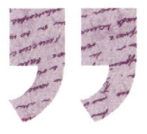

요즘은 핸드폰이나 전화로 운세를 봐주는 음성 서비스가 성행하고 있다. 아침에 배달되는 신문을 대충 넘겨봐도 '누군가의 사망을 예측했다', '지난 대선 결과를 족집게처럼 알아맞혔다'는 제목을 대문짝만하게 써놓은 사주상담 전화 서비스 광고를 쉽게 찾아볼 수 있다.

물론 이러한 광고를 곧이곧대로 믿을 수는 없지만, 분명한 사실은 '전화'를 통해서도 콜드리딩을 적절하게 구사할 수 있다는 것이다. 물론 전화기를 사이에 두고 이야기를 나눌 때는 손짓을 보여줄 수도 없고, 눈빛으로 상대방의 반응을 읽을 수도 없기 때문에 콜드리딩이 훨씬 어려울 수 있다.

오직 청각만으로 상대방과 이야기를 나누며, 때로 설득하고 확신을 심어줘야 하는 상황에서는 당연히 전화기 너머 들려오는 목소리만으로 상대의 정보를 알아내야 한다.

하지만 수화기를 붙잡고 청각에만 의존해서 이야기를 나눠야 한다는 상황을 빼면, 사실 서로 마주보고 대화를 나누는 상황과 별 차이가 없다. 오히려 상대는 수화기 저쪽의 목소리에 온 신경을 곤두세우기 마련이다.

너무 당연한 이야기라고? 물론 너무 당연한 이야기처럼 들리겠지만, 의외로 많은 사람이 이 당연한 사실을 간과하고 있다.

내가 종종 강연 중에 하는 실험이 있다. 참가자 중 한 사람을 무대로 불러 마치 가면을 쓴 것처럼 무표정한 얼굴로 "안녕하세요. 오늘 만나 봬서 정말 기뻐요" 하고 이야기하도록 주문하는 것이다. 물론 다른 참가자들은 눈을 감은 채 무대에 선 사람의 목소리를 들어야 한다. 어떤 결과가 나올까? 신기하게도 객석에 앉아 눈을 감은 사람들에게 무대 위에서 들려오는 목소리는 전혀 반갑고 기쁘다는 느낌이 들지 않는다. 무대 위의 사람이 갖은 궁리를 짜내봐도 무표정한 상태에서는 목소리에 어떤 감정도 실리지 않는 것이다.

전화를 할 때 상대방이 수화기 속에서 들려오는 내 목소리만 듣고 있다고 생각하면 그야말로 큰 오산이다. 물론 앞서 말했듯 상대는 오직 당신의 목소리에 신경을 곤두세우고 있다. 바로 그렇기 때문에 상대는 오히려 더욱 생생하게 당신의 표정을 읽어낼 수 있는 것이다. 평소처럼 얼굴을 마주하고 이야기를 나눌 때는, 오히려 주의가 흐트러질 여지가 생긴다. 상대는 당신의 이야기를 들으면서 당신의 눈을 볼 수도 있고, 누군가 갓 뽑은 커피 냄새를 맡을 수도 있으며, 창밖에서 들려오는 경적 소리에 깜짝 놀랄 수도 있다. 하지만 전화 통화를 할 때는 귀를 쫑긋 세우고 오로지 당신을 향해 집중하고 있기 때문에, 당신의 현재상황을 훨씬 뚜렷하게 의식할 수 있는 것이다.

목소리만 들릴 것이라고 생각해서 널브러진 자세로 의자에 푹 파묻혀 심드렁한 표정을 짓고 있으면, 수화기 저쪽의 상대는 지금 당신이 어떤 모습으로 전화 통화를 하고 있는지 단박에 눈치 챌 수 있다. 이것은 우리가 앞서 배운 콜드리딩의 기본 수칙 '컨그루언시'를 완전히 무시한 것이다. '말투나 목소리 톤, 표정과 몸짓 등 커뮤니케이션에 필요한 모든 요소가 전혀 모순되지 않고 조화를 이룬' 컨그루언시 없이는 몇십 억짜리 계약은 물론 간단한 전화 통화조차 만족스럽게 진행할 수 없다.

직접 얼굴을 마주하고 이야기할 때는 괜찮은데, 전화 통화만 하면 영 맥을 못 추겠다는 사람은 자신이 이 기본적인 '컨그루언시'를 얼마나 잘 지켜왔는지를 먼저 되돌아봐야 한다.

콜드리딩이 무엇인지 알고 있는 사람이라면 적어도 전화 통화를 할 때에도 상대가 눈앞에 있는 것처럼 상상하며 이야기를 이끌어나가야 한다. 그렇게 마음을 다잡으면 당연히 상대가 보이지 않는 수화기 이쪽에서 표정과 몸짓에 빈틈이 생기지 않는다. 그래야만 당신의 한 마디 한 마디에 진심이 담기고, 이야기는 자연스레 무르익기 시작한다. 물론 상대도 마치 당신이 눈앞에 있는 것처럼 진심으로 다정다감하게 응수할 것이다.

'전화 한 통화'를 대수롭지 않게 여겨온 당신이라면, 지금 당장 핸드폰을 열고 가장 가까운 사람에게 전화를 걸어보라. 그리고 콜드리딩을 배운 사람답게 마치 상대를 직접 만난 것처럼 진심어린 표정과 예의바른 자세로 이야기를 이끌어보라. 이제까지와는 전혀 다른 상대의 반응에 당신이 먼저 소스라치게 놀랄 것이다.

콜드리딩 실전편 **이메일**

상대의 이름을
마음으로 되뇌어라

전화만큼이나 자주 쓰는 이메일도 우리가 앞에서 배운 '컨그루언시' 하나만 마음속에 새기고 있으면, 이제까지와는 전혀 다른 인간관계를 구축할 수 있다.

버릇처럼 무성의하게 자판을 두드리지 말고 마치 눈앞에 앉아 있는 상대에게 말을 거는 것처럼 글을 써나가보자. 이메일이 상대에게 가닿기도 전에 두 사람 사이에는 끈끈한 라포르가 구축될 것이다.

전화까지는 이해한다고 치더라도, 이메일은 목소리도 들리지 않는데 무슨 효과가 있을까 의심하는 사람이 있을 것이다. 더욱이 내가 늦은 밤에 감정을 잔뜩 실어 쓴 글을 상대는 피곤한 아침에 건조한 표정으로 읽을 수도 있지 않은가. 게다가 이메일은 예전에 손으로 써서 며칠 동안 걸려서야 닿게 되는 편지와는 또 다르게 정성을 들이지 않고도 심지어 수천 명에게 한꺼번에 보낼 수도 있다.

물론 이메일은 손쉽게 쓸 수 있는 만큼 받는 사람과의 유대감이나 연결고리는 희박할 수밖에 없다. 처음에는 상대에게 무슨 말을 할까 골몰하다가, 자판을 두드려가다 보면 어느새 나만의 세계에 푹 빠져, 편지가 아니라 낙서나 일기가 되어 정작 하고 싶은 말은 꼬리를 감추기 마련이다. 그러면 결국 이런 이메일을 받은 사람은 요점도 없고 아무 감정도 없는 글자를 그저 허투루 읽고, "대체 날 보고 어쩌라는 거야?" 하고 대수롭지 않게 넘겨버리기 일쑤다.

아무리 얼굴도 목소리도 느낄 수 없는 상대에게 글을 쓰는 것이라도 둘 사이의 연결고리, 즉 라포르를 신경 쓰지 않는다는 것은 이 사람과 아무런 관계도 맺고 싶지 않다는 것과 똑같은 마음가짐이다.

진정한 콜드리딩을 이루고 싶다면, 상대의 존재가 희미해지면 희미해질수록(대화〉전화〉이메일) 더욱 진심어린 마음으로 상대를 상상하고 대해야 한다. 이것은 정말이지 당신에게 무릎을 꿇고서라도 부탁하고 싶은 말이다.

상대를 따라하면 마음을 얻는다

그렇다면 이제 당신이 눈에 보이지도 들리지도 않은 상대에게 진심 어린 마음을 갖추게 되었다는 가정 하에, 어떻게 이메일을 써야 그 사람의 마음을 사로잡을 수 있는지 알아보자.

가장 기본적인 부분, 이메일의 형식은 어떠해야 하는가?

오늘 하루만 해도 당신은 수십 통의 이메일을 받았을 것이다. 개중에는 광고성 스팸 메일도 있을 것이고, 중요한 자료를 첨부한 업무용 문서도 들어 있을 것이다. 당신이 받아온 수많은 이메일을 보면 알 수 있듯이, 이메일의 형식은 사람마다 천차만별이다.

제목만 보고도 당장 내용을 가늠할 수 있는 메일, 도무지 무슨 내용인지 아무리 봐도 알 수 없는 메일. 본문 첫줄을 "그 동안 안녕하셨어요. 저 조승우입니다" 하고 제 이름부터 밝히는 메일, "박 대표님, 지난 번…" 하고 상대의 이름과 본론부터 단도직입적으로 밝히는 메일. 중간에 줄 바꾸기도 전혀 하지 않고 빽빽하게 글을 이어 쓴 메일, 상대의 눈이 피로해지지 않도록 서체와 띄어쓰기를 보기 좋게 정리한 메일, 스마일 마크나, '^^', '--;' 같은 이모티콘이 글자만큼이나 수두룩한 메일, 인터넷 용어나 은어를 전혀 쓰지 않고 맞춤법에 정확히 맞춰 쓴 메일, 오십 줄이 넘는 장문의 메일, 단 두 줄로 끝나는 메일….

마치 사람마다 얼굴 생김새가 다르듯 세상에 똑같은 이메일은 하나도 없다. 하지만 정작 중요한 사실은 당신이 어떤 형식으로 이메일을 쓰든 상대는 그것으로 당신을 판단하지는 않는다는 것이다. 설령 당신이 인사말도 빼먹고, 서너 줄짜리 이메일을 보냈더라도, 상대는 "인사말이 없는 걸 보니 나한테 거리감을 느끼는 게 분명해. 겨우 세 줄이 뭐야. 바빠서 길게 쓸 시간이 없다는 거야 뭐야" 하는 식으로 따지고 들거나 미뤄 짐작하지 않는다는 것이다.

한마디로 이메일의 형식은 그다지 중요하지 않다. 이메일의 형식은 그저 상대가 보내온 이메일 포맷을 그대로 이용하는 것만으로도 충분하다. 이메일을 보낼 때, 상대에게 이전에 받은 메일이 있다면 그 형식을 똑같이 흉내 내도 상관없다는 이야기다. 당신이 보기에 상대가 보내온 이메일 형식이 썩 좋지 않다거나, 당신의 취향이 아니라고 생각할 수도 있다. 하지만 그런 것은 아무 상관없다. 중요한 것은 상대가 어떻게 받아들이는가, 그것뿐이다.

물론 우리는 앞에서 상대의 몸짓을 그대로 흉내 내는 '미러링'이 이미 낡은 심리 기술이고, 상대가 빤히 눈치 챌 수 있기 때문에 오히려 역효과를 낳을 수 있다고 이야기했다.

하지만 이메일 형식에 있어서만큼은 예외다.

대부분의 사람은 이메일을 읽을 때 내용에 주의를 기울이지, 형식까지 일일이 살피지는 않는다. 설령 상대가 예전에 보내온 메일을 완전히 똑같이 흉내 냈다고 해도 '왜 내 스타일을 따라하는 거야'라고 시비 걸 사람은 아무도 없다는 것이다.

오히려 상대가 보내온 이메일 형식과 비슷할수록 상대가 답장을 보내오는 횟수가 점점 많아지고, 답변이 오는 시간도 훨씬 빨라질 것이다.

반드시 이름을 불러라

물론 친구나 연인과 주고받는 이메일이 아닌 이상, 대부분의 이메일은 문서나 자료 따위를 한두 번 주고받다 슬그머니 잊혀지기 마련이다. 그만큼 이메일은 상대와 오랫동안 연결고리를 맺어나가기에 어려움이 많이 따른다.

하지만 콜드리더에게는 어떤 상황에서도 불가능은 없다. 지금부터 이메일을 통해 상대와 보다 가깝고도 지속적인 관계를 맺을 수 있는 요령을 몇 가지 알아보자.

첫째, 평소 이야기할 때보다 훨씬 자주 상대의 이름을 불러주는 것이다. 사적인 관계는 물론 업무관계로 만난 사람에게 이메일을 보낼 때도 마찬가지다.

"김강우 선생님, 안녕하세요. 승리기업의 이진욱이라고 합니다. …

김강우 선생님께 소개해드리고 싶은 이 제품은…", "다음 달, 김강우 선생님 일정은 어떻게 되십니까?" 하는 식으로, 단순히 '선생님'으로 그쳐도 그만인 호칭 앞에 반드시 상대의 이름을 불러주는 것이다.

아마 심드렁한 얼굴로 이메일 함을 열어보던 상대는 화면 가득 자신의 이름이 넘쳐나는 것만으로도 그다지 친근하게 느끼지 못한 당신 쪽으로 안테나를 올릴 것이다. 이제, 한번 당신 쪽으로 기울어진 마음은 지금까지와는 전혀 다른 친밀함으로 무르익을 준비가 된 것이다. 이렇게 상대의 이름을 계속 불러주는 것은 '라포르'를 구축하는 데 있어 없어서는 안 될 중요한 요소다. 이런 시도 있지 않은가.

"내가 그의 이름을 불러 주기 전에는 그는 다만 하나의 몸짓에 지나지 않았다. 내가 그의 이름을 불러 주었을 때 그는 나에게로 와서 꽃이 되었다."

당신이 지금껏 보낸 메일을 한번 열어보라. 장담하건대 상대의 이름을 거의 부르지 않았거나, 어쩌면 단 한 번도 부르지 않았던 때도 있을 것이다. 당신이 그 메일을 받은 사람이라고 상상해보자. 한 번도 내 이름이 불리지 않았다면, 얼마나 서운하고 섭섭했겠는가? 상대방이 느꼈을 소외감과 거리감을 충분히 짐작할 수 있을 것이다.

단어에 마음을 담아라

물론 상대의 이름만 많이 불러준다고, 이메일이 두 사람 사이의 관계를 보다 가깝게 이어주는 것은 아니다.

   이메일 성공 프로젝트, 둘째!

   '마음을 담은 단어'를 평소보다 훨씬 많이 쓰는 것이다.

   그렇다면 마음을 담은 단어란 무엇인가? 그야말로 내 마음을 표현하는 것이다.

   "심장이 두근두근거려요."

   "가슴이 터질 것 같아요."

   "마음이 조마조마해요."

   대체 이런 단어를 많이 사용하면 무슨 효과가 있다는 것일까?

   예를 들어 이메일에 오늘 날씨를 '파란 하늘'이라고 표현한다. 물론 상대는 머릿속에 일반적으로 떠오르는 파란 하늘을 그려볼 수 있을 것이다.

   그렇다면 '시원하고 상쾌한 하늘' 같은 표현은 어떤가? 아마 머릿속에 퍼뜩 떠오르는 것은 일반적인 그림이 아니라 자신만 겪었던 어느 상쾌한 한나절일 것이다.

   '시원하고 상쾌한 하늘'이 어떤 사람에게는 '구름 한 점 없이 파란 하늘'이고, 어떤 사람에게는 '비 갠 뒤 먹장구름 새로 파란 하늘이 비

치며 시원한 바람이 불어오는 상태'가 되는 것이다.

이렇게 '시원하고 상쾌한 하늘'은 이론적으로 설명할 수 있는 영역이 아니다. 파란 하늘은 누구에게나 똑같은 감정을 불러일으킬 수 있지만, 시원하고 상쾌한 하늘은 체험하지 않은 사람은 절대 공감할 수 없다.

이렇게 이메일에 가능한 한 자주 상대의 마음을 자극할 수 있는 표현을 쓰다보면, 상대는 자신의 경험을 계속 되뇌어보면서 어느덧 당신과 똑같은 경험을 한 것 같은 친밀함을 느끼게 된다.

물론 당신은 냉정하고 논리적인 대화를 나누어야 진정한 성공을 거둘 수 있다고 생각할 수도 있다. 하지만 적어도 이메일로 상대의 마음을 사로잡고 싶다면, 의식적으로라도 당신의 마음이 담긴 단어를 적절히 배치하기 바란다.

결국 나그네의 외투를 벗긴 것은 날카로운 바람이 아니라 따뜻한 햇볕이었다는 사실을, 당신도 분명히 알고 있지 않은가?

이름과 마음, 이 두 가지만으로도 당신은 상대방에게 세상에서 가장 멋진 이메일을 보낼 수 있다.

High Class | 상대의 마음을 사로잡는 그 밖의 기술

전체를 'OK' 받으면 단점은 가려진다

좋은 점으로 유혹하고 문제점은 나중에 알려라!

로우 볼(Low ball) 테크닉

잡기 어렵고 손에 닿지 않는 높이 떠 있는 공(high ball)을 잡기 쉬워 보이는 낮게 떠 있는 공(low ball)처럼 보이게 해 상대의 마음을 움직이는 방법. 마음을 빼앗으면 반은 성공한 셈이다. 그 다음에 설득한다.

처음에 장점을 알려줘 좋은 조건으로 'OK'를 얻어낸 후라면 세부 조건에서 다소의 단점을 알려주더라도 최초의 결정을 바꾸고 싶어하지 않는 심리를 이용한 방법이다. 사람은 조건이 좋은 '무엇'을 처음 봤을 때, 이미 마음이 움직여버린다. 일단 좋은 것을 본 이상 그보다 못한 것을 선택하기 어려워지는 심리가 작용하는 것이다.

예를 들면, 세입자들의 경우에 이 테크닉에 휘말리기 쉽다. 집주인은 대

부분 임대할 집의 장점들만을 늘어놓는다. 임차인이 계약할 의사를 표명하고 나면 추후의 문제를 피하기 위해 그제서야 몇 가지 단점을 고지하게 된다. 의도했든 의도하지 않았든 생활 속에서 로우 볼 테크닉이 종종 쓰이고 있는 것이다. 그러나 처음부터 속임수로 사용할 목적으로 로우 볼 테크닉을 사용하지 않았으면 한다.

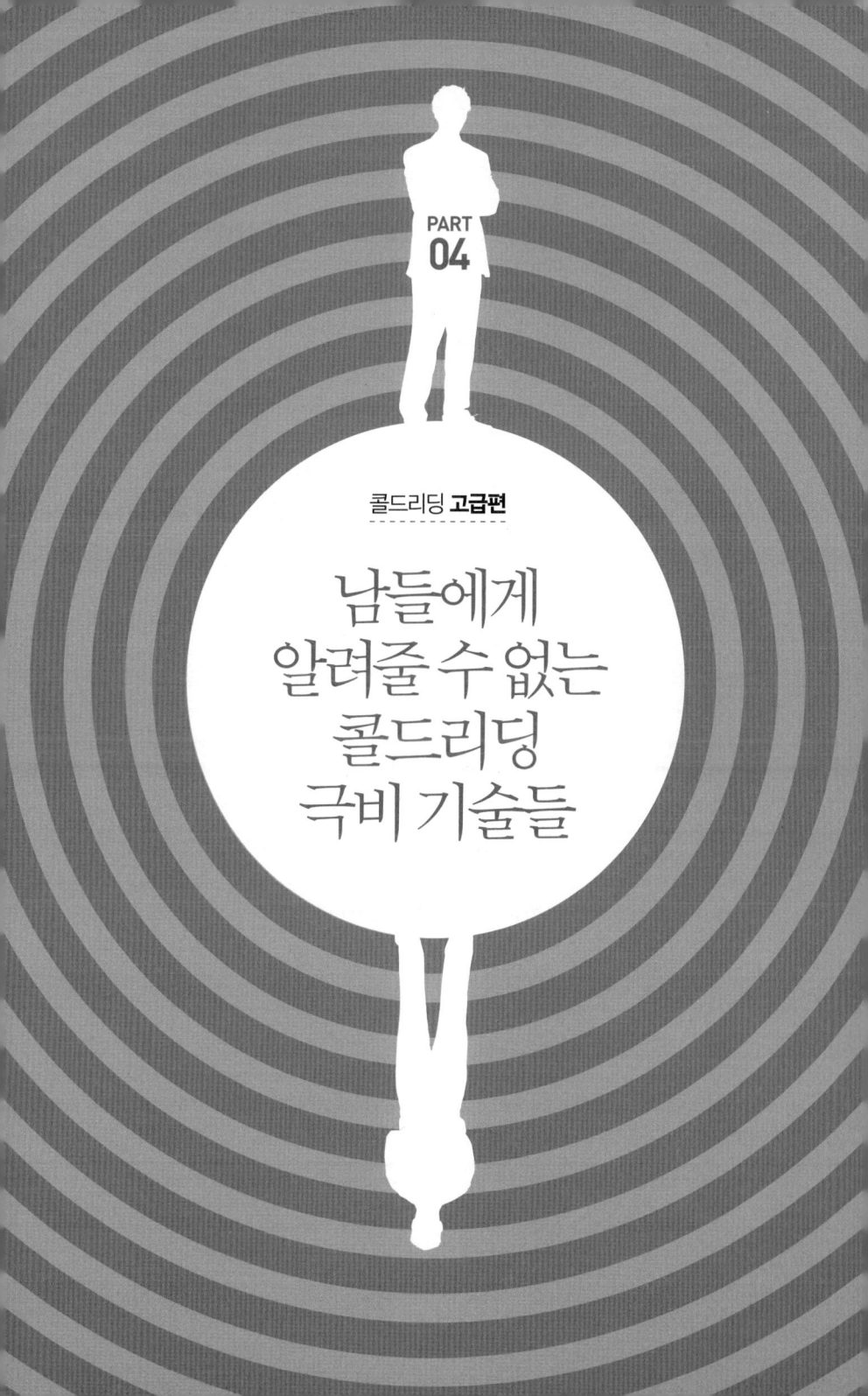

이제부터는 콜드리딩 상급 테크닉에 관한 소개로 들어간다.

상급(上級)이라는 말에 주춤하시는 분들이 있을지 모르지만, 이 정도 레벨이 되면 아무래도 문장만으로는 그 말이 가진 뉘앙스를 전부 다 전달하기는 곤란하다. 왜냐하면 표정이나 목소리 분위기, 기타 동적인 요소들의 미세한 차이가 콜드리딩에는 치명적인 영향을 미칠 수 있기 때문이다. 너무 어렵게 생각하지 말고 편안하게 읽어주기 바란다.

- '실수를 대박으로 바꾼다': 재빨리 대화의 궤도 수정하기(Dynamic Forking)
- '거짓말도 간단히 꿰뚫을 수 있다': 상황에 따른 의미해석(Multiple Implications)
- '상대의 기억을 지워버린다': 의도적인 망각 최면요법(Structured Amnesia)

콜드리딩 고급편 **극비1**

실수를 대박으로 바꿀 수 있다

거기, 그 언저리의 기술

야구 투구 중에 '포크볼(Fork Ball)'이라는 것이 있다.

투수가 집게손가락과 가운뎃손가락 사이에 공을 끼우고 던지는 것인데, 타자 바로 앞까지 정직하게 날아오던 공이 갑자기 툭 떨어지는 변화구 기술이다. 한마디로 공의 방향이 곧이곧대로 오지 않고, 중간에 딴 길로 갈라진다는 것이다.

우리가 이제 배울 '다이나믹 포킹(Dynamic Forking)'도 투수의 마구, 포크볼을 떠올리면 쉽게 이해할 수 있다. 그때그때 상황에 따라 이야기의 궤도가 여러 방향으로 나눠지는 것이다.

· · ·

콜드리더 간 주위로 약간의 문제가 있는 것 같은데요….

내담자 (그럴 수도 있다는 듯한 표정) …

콜드리더 역시 간에 이상이 있군요. 최근 검사에서 그런 진단이 나온 적 없습니까?(SQ) 생활이 불규칙하면 제일 먼저 간에 이상 증상이 나타납니다. 하지만 그리 심각한 수준은 아니기 때문에 규칙적으로만 생활하면 다시 금방 좋아질 겁니다.

· · ·

이 대화에서 우선 주목해야 할 부분은 '간 주위로…'라는 표현이다. 능숙한 콜드리더라면 분명 이 이야기를 하면서 손으로 자신의 가슴과 배를 훑어 내리는 '셔틀티' 동작까지 함께 구사했을 것이다. '구체적으로 간인지 다른 어떤 부위인지 정확히 모르지만 어쨌든 이 근처에…'라는 뉘앙스를 담는 것이다. 이렇게 설정을 해놓으면 설령 간이 아니라 위장에 문제가 있었다고 해도 '간이나 위나 거기서 거기'라는 식으로 넘어가면 그만이다.

참 이상한 것은 대부분의 사람들이 정확히 꿰뚫어 보고 맞추는 것보다 간발의 차이로 빗겨난 것에 더 믿음을 가진다는 사실이다. 생판 처음 보는 사람이 자기의 문제를 족집게처럼 집어내면 속임수나 트릭을 썼다고 의심하지만, 살짝 빗맞으면 오히려 그 아슬아슬함 때문에 '이 사람 말이 진짜가 아닐까?'라고 솔깃해지는 것이다.

그래서 사람들의 이런 심리를 잘 알고 있는 콜드리더 중에는 정답을 뻔히 알고 있으면서도 짐짓 모른 척 빗나가게 알아맞히는 사람들이 있다.

'약간의…'라는 표현을 사용하라

위의 사례에서 또 하나, 지나칠 수 없는 부분은 '약간의 문제가 있다'는 표현이다. '약간'이라는 말은 정확하게 양이나 수치로 나타낼 수 없는 상당히 애매모호한 표현이다. 따라서 상대는 이 말에 대해 딱히 아니라고 말하거나 반박할 수 없다. 더욱이 '질환', '출혈', '종양' 같은 살벌한 용어를 쓴 것도 아니고, 그저 '문제가 있다'고만 말하지 않았는가. 그야말로 적중할 수 있는 범위가 엄청나게 넓은 표현이다. 범위가 넓은 만큼 적중률도 높아지는 건 당연한 일. 게다가 어느 정도 나이가 있는 사람이라면 누구라도 자신이 100% 건강하다고 장담할 수도 없는 노릇이다.

어쨌든 콜드리더가 던진 미끼를 덥석 물고 내담자가 '맞다!'라는 반응을 보였다고 치자. 물론 입 밖으로 표현한 것이 아니기 때문에 표정이나 제스처로 드러난 반응을 보면서 미루어 짐작해야 한다(반응을 읽어내는 노하우에 대해서는 뒤에 구체적으로 언급하겠다).

일단 내담자가 그렇다는 반응을 보이면 지체하지 말고 "음, 역시 간에 이상이 있군요" 하며 이야기를 압박해가는 것이 중요하다. 다행인 것은 "최근 검사에서 그런 진단이 나온 적 없습니까?"라는 질문이 대부분 들어맞는다는 사실이다. 간은 자각증상이 거의 없기 때문에, 내담자가 간에 조금이라도 이상이 있다는 사실을 알았다면, 백이면 백 병원에서 종합검사나 다른 진료를 받다가 "지방간이 조금 있으시네요" 같은 이야기를 들었다는 반증이기 때문이다. 게다가 건강검진을 하면 아직까지도 간 질환이 가장 많이 지적된다는 통계가 나와 있다. 따라서 콜드리딩을 할 때, 간부터 공략하면 그만큼 적중률은 높아질 수밖에 없다.

콜드리딩 마스터를 눈앞에 둔 당신이라면 당연히 알겠지만, "최근 검사에서 그런 진단이 나온 적 없습니까?"라는 질문은 서틀 퀘스천이다. 스쳐가듯 묻는 이 부정의문문은 설령 상대가 "아닌데요"라고 대답해도 "그래요?" 하고 그냥 대수롭지 않게 넘어가면 그만인 기술이다. 만약 "네!"라고 맞장구를 치면 "음, 역시 짐작했던 대로군요" 하면서 고개를 몇 번 끄덕여주면 콜드리딩이 적중했다는 인상을 심어줄 수 있는 것이다.

이쯤 되면 두말하면 잔소리, 삼척동자도 알 만한 충고를 해줄 일만 남은 셈이다.

"생활이 불규칙하면 제일 먼저 간에 이상 증상이 나타납니다. 하지만 그리 심각한 수준은 아니기 때문에 규칙적으로만 생활하면 금방 다시 좋아질 겁니다."

다이나믹 포킹 하나면 실수를 대박으로

지금까지는 콜드리더가 의도한 대로 이야기가 술술 풀리는 경우를 살펴봤다. 하지만 말이라는 게, 뜻대로 진행되는 경우가 얼마나 되던가? 상대방은 이때까지 감기 한 번 앓지 않았다는 건강 그 자체인 사람일 수도 있고, 얼마 전 받은 건강검진에서 모두 정상이라는 진단을 받았을 수도 있다.

그렇다면 콜드리더는 빼도 박도 못하는 실수를 저지르고 만 것인가? 물론 그렇지 않다. 이제 드디어 다이나믹 포킹이 등장할 시간이 되었다.

• • •

콜드리더 간 주위로 약간의 문제가 있는 것 같은데….

내담자 (그럴 리 없다는 표정) ⋯

콜드리더 ⋯ 하지만 현재로서는 본인이 자각할 만큼 상태가 안 좋은 건 아니기 때문에 검사에도 나타나지 않을 겁니다. 그래도 이 상태로 계속 방치한다면 심각해질 수도 있으니 좀더 규칙적인 생활을 하도록 노력하시는 게 좋겠어요.

· · · ·

간단히 말하면 의뢰인의 반응을 보고 '아, 틀렸구나'라는 생각이 들면 망설이지 말고 이야기 방향을 다른 곳으로 돌리라는 것이다. 더 솔직히 말하면, '속임수 내지는 얼버무리라는 것'이다. 고작 이것을 대책이라고 내놓는 것이냐며 어이없어 하는 사람이 있다면, 다시 한 번 아래 문장을 꼼꼼히 읽어보라.

· · · ·

"간 주위에 약간의 문제가 있는 것 같습니다⋯ 만, 본인이 자각할 만큼 상태가 안 좋은 건 아니기 때문에 검사에도 나타나지 않을 겁니다."

· · · ·

문맥의 이해를 돕기 위해 '⋯'를 사용했지만, 콜드리더는 실제 이야기를 나눌 때 상대가 전혀 눈치를 채지 못하는 이 작은 틈바구니에서 상대의 반응을 간파할 수 있다. 따라서 상대는 당신이 이야기를 도중에 바꾸었다(다이나믹 포킹)는 인상을 받을 수 없다.

상대의 잠재의식에 믿음을 심어줘라

아마 많은 사람이 앞의 이야기를 듣고도 '어떻게 이야기 흐름을 바꿀 수 있는지' 그 방법을 모르겠다고 볼멘소리를 할 것이다. 어렵게 생각하면 이야기는 더욱 어렵게 꼬여가기 마련이다. 하지만 쉽게 생각하면 다이나믹 포킹은 그다지 어려운 일도 아니다.

예를 하나 들어보자.

· · ·

콜드리더 선생님은 나름대로 자기 주관이 뚜렷한 타입이군요.

　내담자 (긍정적인 표정) …

콜드리더 선생님은 확실한 근거 없이 무조건 믿는다거나 동의하는 법이 없는 분이에요. 말하자면 진짜와 가짜를 구분하는 분별력은 물론, 사물을 냉정하고 객관적으로 바라보는 인식능력도 뛰어나시네요.

· · ·

이미 이야기 중간에 드러난 상대의 긍정적인 반응에서, '자기 주관이 뚜렷한 타입'이라는 지적이 적중했음을 눈치 챘기 때문에 이 대화에서는 다이나믹 포킹을 시도할 필요가 없다. 하지만 점술가의 이야기 속에는 아주 교묘한 트릭이 숨겨져 있다. 어떤 부분인지 눈치 챘는가? 그렇다면 당신은 정말 훌륭한 콜드리더가 될 수 있는 자격이 있다.

그렇다. 바로 상대에게 "선생님은 진짜와 가짜를 구분하는 분별력을 가지고 있다"고 이야기한 부분이다. 어떻게 보면 '주관이 뚜렷한 성격'을 물은 것과는 조금 다른 이야기일 수도 있다. 이야기가 다소 삼천포로 빠졌다고 생각할 수도 있겠지만 이렇게 섬세하고 사소하게 상대를 정의해주는 것만큼 고도의 테크닉도 없다.

어떤 사람도 "진짜와 가짜를 구분하는 분별력을 가지고 있다"는 소리를 듣고 언짢아하지 않는다. 거꾸로 말해 세상에 어떤 사람도 자기를 보고 '무슨 말이든 곧이곧대로 믿는 개념 없는 인간'이라는 소리를 듣고 기분 좋게 생각하지 않는다는 것이다.

사실 콜드리딩의 성패는 주제와는 상관없는 이러한 이야기에서 판가름 난다고 해도 과언이 아니다.

당신이 지금 콜드리더 앞에 앉은 내담자라고 가정해보자.

"진짜와 가짜를 구분하는 분별력을 가지고 있다"는 말에 속으로 "그건 그렇지"라고 맞장구친다면, 그 순간 당신은 자신이 아니라 콜드리더를 '진짜와 가짜를 구분하는 분별력을 가진 그런 사람'으로 받아들인 셈이 된다.

'내가 그런 능력이 있다고 맞장구친 것이 아니고, 콜드리더를 그런 능력이 있는 사람으로 인정한 것이라고?'

이게 무슨 해괴한 말인가? 쉽게 설명하면 당신이 '진짜와 가짜를 분별하는 능력'을 인정한 순간, '진짜와 가짜를 분별하는 능력을 가진 사람을 알아볼 수 있는 콜드리더 자신이 바로 진짜'라는 잠재의식이 당신의 머릿속에 뿌리내린다는 것이다.

무슨 말인지 이해가 되는가? 콜드리딩에는 이렇게 뜬금없어 보이는 이야기 속에도 상대에게 믿음을 갖게 하는 다양한 심리기술이 똬리를 틀고 있다.

위기는 믿음으로 가는 짜릿한 기회

다시 다이나믹 포킹으로 되돌아가보자.

설령 상대가 '자기 주관이 뚜렷한 타입'이라는 이야기에 수긍하지 않아도, 콜드리딩은 대화의 새로운 국면을 마련할 수 있다. 당신 앞에 있는 상대방은 주관이 뚜렷하기는커녕 '나라는 인간은 도무지 줏대가 없어. 늘 위축돼선, 내 생각을 한 번이라도 속 시원히 털어놔 봤으면 좋겠어'라고 고민하는 사람일 수도 있다. 그렇다면 상대의 말이 오히려 염장을 지르는 소리로 들릴 것이다. 하지만 바로 이 순간이야말로 다이나믹 포킹을 제대로 보여줄 수 있는 시점이다.

• • •

콜드리더 선생님은 나름대로 자기 주관이 뚜렷한 타입이군요.
   내담자 (의아해하는 표정) …
콜드리더 하지만 그럼에도 불구하고 선생님 자신은 그 사실을 모르고 있다는 것이 문제입니다. 다시 말해 뚜렷한 주관을 가지고는 있지만 그에 대한 확신과 자신감이 없다는 뜻이죠.

• • •

'주관이 뚜렷한 타입'이라고 얘기했는데 상대가 의아한 표정이라면, 콜드리딩이 실패한 것일까? 그렇지 않다. 오히려 빗나간 예측을 통해 결국 이 사람은 자신감이 없다는 사실을 알게 된 것이다. 따라서 '당신은 뚜렷한 주관이 있는 사람이지만, 그에 대한 확신과 자신감이 없는 것뿐이다'라는 쪽으로 다이나믹 포킹을 전개하면 대화는 전혀 어색해질 여지가 없다.

굳이 이런 이야기를 되풀이할 필요가 있겠는가 싶겠지만, 어쨌든 콜드리딩은 글로 쓴 문장이 아니라 두 사람의 대화로 이어진다. 따라서 실제로 대화에는 말줄임표, 줄 바꾸기, 쉼표 같은 요소가 없다. 우리가 이때까지 배운 기술을 실천할 때는 문장이 끊어지지 않고, 자연스럽게 흘러가도록 이야기를 진행해야 한다. 따라서 위의 사례를 실제로 상대방과 이야기 나눌 때는 다음과 같이 전개될 것이다.

· · ·

"선생님은 나름대로 자기 주관이 뚜렷한 타입이군요. 하지만 그럼에도 불구하고 선생님 자신은 그 사실을 모르고 있다는 것이 문제입니다. 다시 말해 뚜렷한 주관을 가지고는 있지만 그에 대한 확신과 자신감이 없다는 뜻이죠."

· · ·

이렇게 대화는 물 흘러가듯 자연스레 이어지게 된다.
예를 하나 더 들어보자.

· · ·

콜드리더 당신은 감정 조절이 뜻대로 안 되시는군요.
　내담자 (수긍하는 듯한 표정) …
콜드리더 사랑하는 사람이 있었지만 감정을 주체하지 못하고 폭발하는 바람에 이별의 아픔을 겪은 적이 있으시군요?

· · ·

이 경우도 상대가 긍정적인 반응을 보였기 때문에 그대로 이야기를 진행하면 되는 것이다. 설령 상대가 이 말에 뜨악한 표정을 지으며 속으로 '오히려 나는 할 말은 해야 직성이 풀리는 스타일인데…'라고 반응했다 해도 당황하지 말고 다이나믹 포킹 카드를 꺼내들면 된다.

· · · ·

  콜드리더 당신은 감정 조절이 뜻대로 안 되시는군요.
  내담자 (의아한 표정) …
  콜드리더 그렇다고 해서 감정 표현을 잘하는 편도 아니에요. 그래서 가끔은 사람들에게 오해를 사기도 하죠. 최근에도 그런 일로 고민하고 있을 텐데요.

· · · ·

'감정을 잘 조절하지 못한다'는 표현이 실수라고 판단되면 슬그머니 '감정 표현이 서툴다'고 이야기를 바꿔보라. 어떤 사람도 고개를 끄덕이지 않을 수 없게 되어 있다. 감정 표현은 물론이고 조절에도 전혀 문제가 없는, 즉 자기 마음을 자유자재로 통제할 수 있는 사람이라면 굳이 점술가를 찾아올 이유가 있겠는가? 더욱이 '감정 표현이 서툰' 사람은 당연히 '다른 사람들로부터 괜한 오해를 받을 가능성'이 크다. 이렇듯 다이나믹 포킹만 제대로 구사해도 이야기는 훨씬 구체적으로 이어질 확률이 높아진다.

다이나믹 포킹은 그야말로 강력한 파워를 가진 화법이다. 그럼에도 불구하고 이렇게 실제 대화가 아닌 종이 위의 활자로 접하다 보면, 왠지 내담자는 죄다 속수무책으로 상대가 유도하는 대로만 끌려가는 듯한 부자연스러운 인상을 받을지도 모른다.

그런 시각을 부정하지는 않는다. 콜드리딩의 원리라는 것이 사람들로 하여금 '이게 뭐야. 결국 말장난이잖아. 요즘 세상에 그런 속임수에 넘어갈 멍청이가 어디 있어?'라고 생각하게끔 만들 정도로 간단하고 뻔하기 때문이다. 그러나 노련한 콜드리더가 구사하는 다이나믹 포킹은 전혀 비굴하다거나 사악하다는 느낌이 들지 않을 만큼 아주 자연스럽다. 대체 그들이 아무런 위화감도 없이 대화 상대에게 능수능란하게 이 기술을 적용할 수 있는 근거는 무엇일까?

그것은 바로 '관념운동'과 '하지만'의 법칙이다.

콜드리딩 고급편 **극비2**

마음에 따라 몸이 움직인다

무의식적으로 반응해버리는 관념운동

의식적으로는 어떤 반응도 하지 않으리라고 안간힘을 쓰는데, 나도 모르게 마음이 움직여 몸이 반응해버리는 상태를 '관념운동'이라고 한다.

  예를 들어 반지 같은 물건을 실에 매달아 아래도 늘어뜨린 다음, "옆으로 움직여라. 옆으로 움직여라" 하고 주문을 걸면 신기하게도 동전이 좌우로 흔들거리기 시작한다. 실을 잡은 손을 전혀 움직이지 않았는데도 말이다.

이런 구체적인 실험이 아니더라도 관념운동의 사례는 주변에서 흔히 찾아볼 수 있다. 평소 마음에 두고 있는 사람과 드디어 주말에 만날 약속을 잡았다면 생각만 해도 저절로 미소가 지어질 것이다. 이것도 관념운동의 하나다.

한 마디로 본인의 의식과는 전혀 상관없이 마음속 생각에 따라 근육이 움직이는 것이 모두 관념운동이다. 필자만 하더라도 상담자에게 최면을 걸 일이 있을 때, 관념운동 덕을 톡톡히 본다.

이를테면 내담자의 눈앞에 진자를 흔들어 보이며 최면을 유도하려고 하는데, 하필 바깥에서 시끄러운 소리가 나기 시작한다. 그러면 순간적으로 내담자의 얼굴에 긴장감이 서린다. 이미 얼굴에 표정으로 나타난다. 바깥에서 들려오는 잡음에 정신을 빼앗길 것 같아서, '안 돼, 정신을 집중해야 돼'라고 자신을 추스르려는 노력이 빤히 보이는 것이다. 그럴 때 나는 때를 놓치지 않고, 그에게 "바깥에서 시끄러운 소리가 들릴 겁니다. 억지로 집중하려고 애쓰지 않으셔도 돼요. 그냥 편안하게 그런 소리들까지 전부 받아들이세요"라고 주문한다. 최면 요법이 끝나면 대부분의 사람들은 필자에게 놀란 얼굴로 이렇게 묻는다.

"어떻게 제 마음을 읽으셨어요? 아무 말도 하지 않았는데 잡음에 신경 쓰고 있다는 것을 알아내시다니, 정말 대단하시군요!"

마음을 읽는 것이 아니다

결국 내담자는 '지금 바깥에서 들리는 시끄러운 소리에 신경을 쓰고 있다'는 자신의 생각이 얼굴 표정이나 숨소리에 고스란히 묻어난다는 사실을 전혀 눈치 채지 못한 것이다. 물론 필자는 내담자의 마음을 읽지 않았다. 마음이 아니라 몸을 읽은 것이다.

우리가 앞에서 배운 다이나믹 포킹도 더 효과적으로 이용하려면 관념운동의 위력을 정확하게 인식해야 한다. 사람은 자신의 감정을 의식하기 전에 몸이 먼저 반응을 한다. 이를테면 "간에 문제가 있는 것 같습니다"라는 콜드리더의 이야기를 들었을 때, 당신의 이성이 그 말에 대해서 어떤 판단을 내리기도 전에 이미 얼굴은 어떤 방식으로든 반응을 하고 난 다음이라는 사실이다. 하지만 본인은 자신의 '얼굴근육'이 어떤 반응을 했는지 제대로 인식하지 못한다. 이것이 바로 잠재의식 반응이다. 따라서 대부분의 사람들이 콜드리더와 이야기를 나눌 때 중간에 화제가 바뀌어도 '이 사람이 내 표정이 변한 것을 눈치 채고 얼렁뚱땅 화제를 바꾸네' 하고 의심하지 않는다.

의식하기 전에 몸으로 먼저 반응이 나타나는 관념운동을 이해해야 당신이 구사하는 다이나믹 포킹도 제 역할을 할 수 있다. 콜드리더와 내담자 사이에 끈끈한 라포르가 형성되고 분위기가 아주 편안해진다면 관념운동은 더욱 명확하게 나타나고 크게 작용하게 된다.

그렇다면 내담자가 어떤 관념운동을 보여야 이야기가 적중했다는 (혹은 빗나갔다는) 사실을 알아챌 수 있을까? 이것은 순전히 관찰력의 문제다. 당신이 어떤 말을 했을 때 상대가 어떤 반응을 보이는지 몇 가지 체크포인트를 알아보자. 우선, 콜드리더(혹은 당신)의 말이 적중했을 때, 상대방은 다음과 같은 관념운동 반응을 보인다.

・・・

- 무언가 말을 하려고 입을 움찔거린다.
- 눈썹을 올린다.
- 살짝 숨을 죽인다.
- 눈을 크게 뜬다.
- 눈동자가 편안한 상태로 느슨해진다.
- 손을 약간 위로 올린다.
- 몸을 앞쪽으로 기울인다.
- 숨을 들이마시면서 의자 등받이 쪽으로 깊숙이 앉는다.
- 자세를 고쳐 앉는다.
- 큰 동작으로 고개를 끄덕인다.
- 호흡의 리듬이 바뀐다.
- 웃는다.

・・・

상대가 이 중 하나라도 반응을 보이면, 당신의 짐작이 들어맞은 것이므로, 이야기를 그대로 밀고나가면 된다. 하지만 다음과 같은 반응은 빗나갔다는 뜻이므로 다이나믹 포킹을 사용해야 한다는 신호다.

· · ·

- 완전히 무표정하거나 미동도 하지 않는다.
- 미간에 주름살이 생긴다.
- 고개를 약간 갸우뚱거린다.
- 시선이 오른쪽 위나 왼쪽 아래를 향한다.
- 호흡의 리듬에 변화가 없다.
- 무릎이나 다리를 심하게 떤다.
- 이야기에 별다른 관심을 보이지 않는다.
- 시계를 자꾸만 쳐다본다.
- 기계적이고 짧게 끊기는 소리를 반복한다('흠. 흠. 흠' 따위).

· · ·

물론 이것이 전부라고 할 수도 없거니와 절대적인 신호들이라고 단정할 수도 없다. 그러나 초보자 수준에서는 이 정도만 알아두어도 충분하리라고 본다.

다이나믹 포킹에서도 '하지만'의 마법은 통한다

다이나믹 포킹의 효과와 위력을 지탱하는 또 한 가지 원리는 이미 살펴보았듯이 '하지만'이라는 단어의 위력이다.

• • •

"간 주위에 약간의 문제가 있는 것 같습니다 … 만, 본인이 자각할 만큼 상태가 안 좋은 건 아니기 때문에 검사에도 나타나지 않을 겁니다."

• • •

이 예문에서도 다이나믹 포킹의 분기점이 되는 곳에 '…만'이라고 하는 접속사가 보일 것이다. 앞에서 언급한 것처럼 '하지만'은 앞에 오는 문장의 위력을 약화시키고, 뒤에 이어지는 문장에 힘을 실어주는 역할을 한다. 그 원리에 따라 "간 주위에 약간의 문제가 있다"는 정보는 잠재의식에서 사라지고, "본인이 자각할 만큼 상태가 안 좋은 건 아니기 때문에 검사에도 나타나지 않을 겁니다"라는 정보에 힘이 실린다. 다시 말해 결과적으로는 '아, 다행이다. 걱정할 만큼 심각한 증상은 아니구나'라는 인상만 남게 된다는 것이다.

대수롭지 않은 듯 보이지만, 이 '하지만'의 마법이 문장 속에서 교묘하게 작용해야만 다이나믹 포킹이 제대로 힘을 발휘할 수 있다.

콜드리딩 고급편 **극비3**

일상생활 속에서 다이나믹 포킹 활용하기

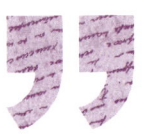

아무리 뛰어난 기술도 자신이 일상생활 속에서 활용할 수 없다면 '그림의 떡'이나 마찬가지다. 물론 다이나믹 포킹은 비즈니스나 연애 같은 일상적인 대화 현장에서도 활용할 수 있다.

예를 들어 당신의 친구가 지금 사귀고 있는 사람 때문에 고민하고 있다고 하자.

· · ·

나 그렇게 힘들어하느니 차라리 헤어지는 게 낫겠다. 당장은 힘들겠지만 그게 서로를 위한 최선의 방법이야.

친구 (실망스러운 표정) …

　나 …라고 세상 사람들은 말하겠지.(웃음)

친구 (약간 놀라며) 그럼 네 생각은 어떤데?

　나 나는 헤어지지 말라고 하고 싶어. 질리고 싫증이 날 때까지 한 번 사귀어봐. 그러면서 배우는 점도 많을 테니까 말이야.

친구 그렇구나! 하긴 사람마다 사랑과 행복에 대한 가치관은 다른 거니까.

　나 (고개를 끄덕이며) 그럼 그럼.

친구 아아, 너한테 물어보길 잘했다. 뭔가 막혔던 게 뻥 뚫리는 기분이야!

· · ·

　본디 연애 상담을 부탁하는 사람들이란 정말로 상대의 조언이나 충고를 듣고 싶어서 이야기를 꺼내는 것이 아니다. 자기 생각에 맞장구쳐주는 한 마디 위로를 듣고 싶은 게 본심이다. '나를 응원해줄 사람이 어디 없을까?' 그것이 그들의 속셈이며 진심이다.

　대화에서 보았듯이 '이 사람과 헤어지고 싶은데 용기가 없군. 누가 좀 용기를 북돋워주기를 바라는 모양이야'라고 판단한 당신은 먼저 헤어지는 게 낫다고 조언했다. 하지만 당신의 이야기를 들은 친구는 단박에 실망스러운 얼굴이 된다. 당신은 친구가 지금 듣고 싶은 이야기는 그게 아니라는 사실을 깨닫고, 자연스레 '질리고 싫증이 날 때까지 한 번 사귀어 봐' 하고 다이나믹 포킹을 시도할 수 있었던 것이다.

PART 04 남들에게 알려줄 수 없는 콜드리딩 극비 기술들

"…라고 세상 사람들은 말하겠지"

혹시 어처구니없어 하시는 분이 계실지도 모르겠다. 하지만 필자는 카운슬링이나 개인적인 인간관계 속에서 이 말장난 같기만 한 '…라고 세상 사람들은 말하겠지'라는 다이나믹 포킹을 셀 수 없이 많이 사용했고, 실제로 상상했던 것 이상으로 큰 효과를 봤다. 솔직한 심정으로는 공짜로 이 기술을 가르쳐주기에 너무 귀중하고 아깝다는 생각이 들 정도다.

스스럼없는 친구에게 먹힐 수 있는 다이나믹 포킹은 비즈니스에도 응용할 수 있다.

예를 들어 당신이 지금 고객에게 신상품 카탈로그를 펼쳐 보이며 영업을 하고 있다고 가정하자. 당신은 어떻게 해서든 고객의 마음을 사로잡아 꼭 거래를 성사시키고 싶다. 하지만 어디에 포인트를 잡아야 하는지 도무지 감이 잡히지 않는다. 어떻든 이 신상품의 가장 큰 장점이 내구성이 강하고 고장이 났을 때 쉽게 고칠 수 있다는 점을 당신은 알고 있고, 우선 이 부분을 설명한다고 하자.

. . . .

나 이 제품은 기존 제품보다 내구성이 무려 5배 이상 뛰어납니다. 한번 구입하면 5년 동안 안심하고 사용해도 된다는 말씀이죠.

고객 (시큰둥하다) …

나 …라는 둥, 다른 회사도 주로 이런 점을 장점으로 내세우겠지만, 저는 영업직원이니 만큼 '까놓고' 얼마나 저렴한 가격을 제시할 수 있는지부터 말씀드리겠습니다. 어떻게 생각하십니까?

고객 (미소를 띠며) 호오. 아주 좋아요. 그래 얼마까지 해주실 수 있나요?

• • •

영업을 하면서 다이나믹 포킹을 구사할 때 가장 염두에 두어야 하는 것은, 고객의 입장에서 생각해보라는 것이다. 없는 시간을 내서 상품 설명을 듣고 있는데, 관심도 없는 이야기만 상대방이 장황하게 늘어놓는다면 이야기에 집중하기는커녕 계속 '아까운 시간만 버렸잖아'라는 생각밖에 들지 않을 것이다.

따라서 당신은 당신이 하고 싶은 이야기가 아니라 고객이 듣고자 하는 이야기를 해야 한다. 인생 상담이든, 카운슬링이든, 공적인 비즈니스든 다 마찬가지다. 심지어 연인을 사귈 때에도 이 원칙은 변하지 않는다. 하지만 대놓고 '어떤 이야길 듣고 싶어요?'라고 서툴게 묻는다면 당신은 상대에게 깊은 신뢰를 줄 수 없다.

'궁금해 하던 부분을 영업직원이 가려운 곳 긁어주듯 속 시원하게 알려준다.'

'차마 입 밖으로 꺼내지 못하던 속사정을 콜드리더가 알아서 척척

이야기해준다.'

그것만으로도 상대는 '아, 이 사람은 내 편이 돼줄 수 있겠구나!', '이 사람 제법 예리하군' 하고 내심 감탄을 아끼지 않을 것이다.

상대가 알고 싶어 하는 내용을 찾아내는 데 있어 다이나믹 포킹은 절대적인 위력을 발휘한다. 일명 대화의 지스팟(G-spot, 성감대)을 공략하는 것이다. 마찬가지로 이 대화에서는 고객이 '내구성'에 관심을 보이지 않자 '까놓고, 노골적으로' 가격 이야기로 포킹을 시도했던 것이다.

콜드리딩 고급편 **극비4**

고의적으로 대화를 파괴하라

상식적으로 진행되는 이야기에서 벗어나 '노골적'으로 스스럼없는 분위기를 조장해 상대의 주의를 끄는 방법을 '패턴 인터럽션(Pattern Interruptions, 형식 파괴)'이라고 부른다.

아무리 말재주가 뛰어난 사람도 가끔 컨디션이 엉망이거나 너무 긴장하면 이야기를 하다가 교착 상태에 빠지거나 맥락을 놓칠 수 있다. 이때 이런 분위기를 그대로 내버려둔다면 일생일대의 기회를 놓칠 수도 있는 법! 적어도 콜드리딩을 익힌 사람이라면, 이럴 경우 이야기의 흐름을 거침없이 파괴해버릴 패턴 인터럽션도 써먹을 줄 알아야 한다. 그러면 상대가 가벼운 혼란 상태에 빠지면서 당신이 이

끄는 대로 무조건 끌려올 확률이 높아진다.

마치 빙판길에서 미끄러질 때 옆 사람의 팔을 붙잡게 되는 심리라고나 할까. 그 순간에는 상대가 좋은 사람인지 나쁜 사람인지 판단할 겨를이 없다.

이런 어린애 같은 장난이 정말 통할 수 있느냐고, 자못 불쾌한 표정으로 헛기침을 하시는 분이 있다면 어깨에 힘을 좀 빼시기 바란다.

미국의 레이건 대통령이 소련의 고르바초프 서기장과 정상회담을 가졌을 때 일이다. 서로 자국의 입장만 주장하느라 회담은 결국 교착 상태에 빠지고 말았다. 그때 레이건 대통령은 자리에서 벌떡 일어나 고르바초프 서기장에게 악수를 청했다.

"처음 뵙겠습니다. 로널드 레이건이라고 합니다. 그냥 편하게 론이라고 불러주십시오."

레이건의 느닷없는 행동은 '이쯤에서 그만하고 처음부터 다시 시작합시다'라는 뜻을 도발적이고 재치 있게 전달한 것이다. 다행히 레이건의 '패턴 인터럽션' 덕에 험악했던 회담 분위기는 봄눈 녹듯 풀어졌고, 그의 엉뚱한 행동은 결국 성공적인 회담의 마침표를 찍게 했다는 후문이다.

살벌한 동서냉전시대에도 통한 화술이라면, 당신도 그냥 마음 편하게 받아들이면 그만이다. 고객은 당신만 상대하지 않는다. 어쩌면 하루에도 열댓 명씩 영업직원을 만날지 모른다. 모든 사람이 똑같은 이야기를 늘어놓는다면, 당신은 고객의 하품거리를 하나 더 보태주는 것에 지나지 않는다. 고객의 머릿속에 당신의 고유한 색깔을 심어주는 방법, 그것은 때로 이토록 도발적인 패턴 인터럽션 하나로 가능해질 수 있다.

고객(상대)을 만나는 것은 신상품을 파는 것이 아니라 당신을 먼저 파는 일이다. 단순한 화법만으로 당신의 이미지를 창조적이고 참신하게 바꿀 수 있다면, 자꾸 미룰 필요가 있겠는가?

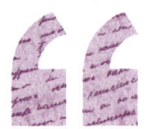

콜드리딩 고급편 **극비5**

어떤 거짓말도
간단히 밝혀내는 방법

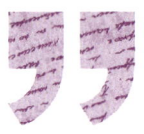

똑같은 말도 듣는 사람의 입장에 따라 달리 해석될 수 있다. 이 말은 결국 같은 말도 상대에게 어떻게 전하느냐에 따라 천차만별일 수 있다는 의미다. 이러한 기술을 '멀티플 임플리케이션(Multiple Implications, 복합적 함의. 이하 예문에서 MI)'이라 부르는데, 콜드리더는 목소리의 높낮이나 속도 따위로 이 기술을 능수능란하게 사용한다.

예를 들어 콜드리더가 여느 날처럼 내담자와 만났다고 하자. 요즘 들어 세상의 인심이 흉흉하다 보니 부유층이 사는 특정 지역을 중심으로 절도 범죄가 하루가 멀다 하고 일어나고 있다. 점술가는 마치 세상 돌아가는 이야기처럼 넌지시 이렇게 말을 꺼낸다.

· · · ·

"(미소를 머금고 나지막한 목소리로) 요즘 들어 방범의식들이 상당히 높아졌어요."

· · · ·

 콜드리더의 목소리는 '아무 말 하지 않아도 다 알고 있다'는 분위기면서도, 뭔가 정확히 콕 집어서 이야기하는 것도 아니다.
 자, 그렇다면 이 이야기를 들은 내담자의 반응은 어떨까? 아마 듣는 사람에 따라 조금씩 다른 그림을 그릴 것이다. 어떤 사람은 '어제 오늘 일도 아니고, 뭐 나하고는 아무 상관도 없는 일이야' 하고 대수롭지 않게 넘겨버릴 수도 있고, 만약 얼마 전 이웃집에 도둑이 든 것을 보고 대문에 보조키를 설치한 사람이라면 콜드리더를 완전히 족집게 도사로 여기고 철석같이 신뢰를 가질 것이다.

· · · ·

콜드리더 (미소를 머금고 나지막한 목소리로) 요즘 들어 방범의식들이 상당히 높아졌어요.

내담자 (화들짝 놀란다) …

콜드리더 (틈을 놓치지 않고 고개를 끄덕이며) 짐작 가시는 일이라도 있으신가요?

내담자 네. 바로 며칠 전에 현관문에 보조키를 달았거든요. 그런데 그걸 어떻게 아셨습니까?

. . .

멀티플 임플리케이션을 구사할 때 가장 중요한 것은 바로 '아무 말 하지 않아도 다 알고 있다'는 분위기다. 그러면서도 뭔가 정확히 콕 집어서 이야기하지 않는 것이다. 이런 미묘한 분위기를 조장하면서 상대의 반응에 따라 빈틈을 놓치지 않고 "뭐 짐작 가시는 일이라도 있으신가요?" 하고 묻는 것이다.

물론 황당한 상황도 벌어질 수 있다. 만약 상대방이 바로 문제의 그 도둑이라면 '짐작 가시는 일이라 있으신가요?'라는 말이 과연 어떻게 들릴까? 그렇다. '(사람들의 방범의식이 높아져서) 일하시기 참 어려워졌죠?'라며 약간은 빈정대는 투로 들렸으리라! 나이 지긋한 점술가나 심령술사가 느닷없이 이런 말을 한다면 그 아무리 대담한 도둑이라도 제법 간담이 서늘해질 것이다.

이처럼 같은 말이라도 듣는 사람에 따라 전혀 다른 뜻을 가진 커뮤니케이션이 되어 버린다. 이것이 바로 멀티플 임플리케이션의 원리다.

그렇다면 멀티플 임플리케이션을 구체적으로 어떻게 이용할 수 있는지 조금 더 알아보자. 만약 '사랑하는 사람이 화가 나서 요즘은 말 한 마디도 안 한다'는 것이 내담자의 고민이라면 어떨까?

· · ·

콜드리더 (미소를 머금고 나지막한 목소리로) 말이라는 게 참 오해받기 쉬워요.

내담자 (무언가 말하려는 듯 입을 움찔거린다) …

콜드리더 (웃으며) 물론 짐작 가는 일이 있으시겠죠?

내담자 네. 사실은 별 생각 없이 내뱉은 말 한 마디에 그 사람이 몹시 화가 나서….

콜드리더 (고개를 끄덕인다) …

· · ·

    첫마디에 "말이라는 건 정말 오해받기 쉬워요"라는 이야기를 들으면 '우와. 이 사람은 내가 오늘 왜 왔는지 벌써 다 알고 있잖아!' 하고 충격을 받을 게 분명하다. 어디 그뿐인가. 콜드리더의 말이 '물론 당신에게 나쁜 뜻이 있었던 건 아니었겠죠. 잘 알고 있어요. 그저 표현이 조금 서툴렀던 것뿐인데 말이에요'라는 따스한 위로처럼 들리리라.

    어쩌면 '시키는 대로 최선을 다해서 일을 했는데 상사에게 싫은 소리를 듣다니. 정말 억울해. 이런 회사는 더 이상 다니고 싶지 않아. 당장 사표 낼 거야'라는 분노가 가슴 가득 차 있을 수도 있다. 그런 사람에게는 콜드리더의 '미소를 머금은 낮은 목소리'가 '말이라는 건 그렇게 오해를 사기 쉽답니다. 상사라는 분이 아랫사람들 가르치는 법을 잘 모르시는군요. 넓은 마음으로 이해하시고 다시 한 번 진지하게 대화를 나누어보는 게 어떨까요?'라는 따스한 메시지로 다가오지 않을까?

다시 말해 앞의 상황에 나타난 콜드리더의 대사는 '인간관계'로 고민하는 내담자 개개인의 입장을 전적으로 이해하고 위로해주는 '깊이 있는' 언어로 들려왔으리라.

어떻게 그것을 장담할 수 있을까? 당연히 그것은 반응으로 드러나기 때문이다. 상대가 어떤 반응을 보이느냐에 따라, 말이 들어맞았는지 어긋났는지 알아 챌 수 있다고 앞서 여러 예를 들어 살펴봤다. 물론 상담자가 전혀 상관없는 얘기라는 식의 반응을 보여도, 다양한 콜드리딩 방법을 활용하면 이야기를 자연스레 이어갈 수 있다.

· · · ·

콜드리더 (미소를 머금고 나지막한 목소리로) 말이라는 게 참 오해받기 쉬워요.(MI)

내담자 (심드렁한 표정으로) 네에….

콜드리더 지금부터 당신을 '마음의 눈(靈眼)'으로 좀 살펴보려고 합니다만, 말로 표현하다 보면 아무래도 정확하게 전달되지 못하는 부분이 있을 수 있습니다. 혹시 의문점이 생기면 그때 그때 질문을 해주세요.

내담자 알겠습니다.

· · ·

이 정도면 아무런 문제가 없는 대화처럼 들릴 것이다. 어쩌면 내담자는 상대가 대단히 성실하고 진솔하게 이야기를 한다고 느낄 수도 있다.

여담이지만 여기에서도 '미디엄'의 원리를 찾아볼 수 있다. 설령 이 다음 대화에서도 실수를 하여 빗나갔다고 해도, 그것은 '대화 자체가 틀렸다기보다 마음의 눈으로 투시한 내용을 전달하는 과정에서 선택한 단어나 문맥이 적절치 못한 탓이다'라는 '도피'가 가능하다는 뜻이다. 멀티플 임플리케이션을 구사할 때는 도피할 수 있는 여지를 만들어두는 언어 트릭도 동시에 준비해두어야 한다.

멀티플 임플리케이션의 사례를 한 가지 더 살펴보자.

· · ·

"(미소를 머금고 나지막한 목소리로) 예상 밖의 일이라는 것은 언제든지 일어날 수 있지요.(MI)"

· · ·

만약 상대가 '거래처가 하루아침에 도산하고 말다니. 이제 어쩌면 좋을지…' 하고 가슴앓이를 하고 있다면 이런 말을 듣고 어떻게 반응할까?

· · · ·

콜드리더 (미소를 머금고 나지막한 목소리로) 예상 밖의 일이라는 것은 언제든지 일어날 수 있지요.(MI)

내담자 (눈이 휘둥그레진다) …

콜드리더 (웃음을 지으며) 아무리 신중한 당신이라도 도저히 예상치 못한 일이 있을 수 있겠죠?

내담자 그러게 말입니다. 불과 1주일 전만 해도 내년도 사업계획에 대한 의견을 나누었는데. 이렇게 갑자기 파산을 하게 되리라고는… 꿈에도 생각지 못했습니다.

콜드리더 (고개를 끄덕이며) 드디어 선생님의 능력을 시험해볼 기회가 왔군요.

· · · ·

만약 이렇다 할 반응이 없으면 다음처럼 이야기를 풀어가는 것이 좋다.

· · · ·

콜드리더 (미소를 머금고 나지막한 목소리로) 예상 밖의 일이라는 것은 언제든지

일어날 수 있지요.(MI)

내담자 (심드렁한 표정으로) 네에….

콜드리더 이렇게 투시를 하다가도 느닷없이 엉뚱한 이미지가 튀어나오는 일이 있어요. 지금 같은 경우도 당신이 동물 앞에서 두려워하고 있는 모습이 갑자기 떠오르는군요. 딱히 짐작 가는 일이라도 있으신가요?

・・・

동물을 무서워했던 경험은 누구에게나 있다. 이렇게 안전한 주제로 대화를 이끌어나가면 일단 별 탈 없이 시작한 셈이다.

애인의 바람기를 잡아내는 언어 트릭

멀티플 임플리케이션은 거짓말을 밝혀낼 때도 사용할 수 있다.

예를 들어 누군가 번번이 회사비품에 손을 대고 있어 책임자인 당신이 무언가 대책을 마련해야 하는 상황이다. 의심스러운 사람이 몇몇 있지만, 자칫 잘못 짚었다가는 감정만 상하거나 오히려 일이 틀어질 수도 있는 노릇이라 당신은 대놓고 추궁할 수도 없다. 따라서 어떻게든 조용하게 이 일을 처리하고 싶다.

자, 그렇다면 어떻게 하면 좋을까? 물론 '멀티플 임플리케이션'을 사용한 콜드리딩이 해결책을 제시할 수 있다. 말 한 마디로 문제를 해결할 수 있다니 귀가 솔깃하지 않은가.

• • •

"요즘 들어 자꾸 회사비품이 도난당하고 있는 것 같다네. 자네, 뭐 짐작 가는 거라도 있나? 이 문제를 해결하는 데 진정 큰 힘이 돼줄 수 있는 사람은 자네뿐이라는 생각에 큰 맘 먹고 이렇게 자네를 보자고 한 걸세.(MⅠ)"

• • •

몇몇 사람을 불러 넌지시 이 말을 건넸다고 해보자.

아무 꺼리길 것 없는 부하라면 상사가 다급한 마음에 도움을 청하는 것이라고 진지하게 들을 것이고, 정말 찔리는 구석이 있는 직원이라면 '네가 저지른 일을 이미 다 알고 있다. 솔직하게 털어놓고 용서를 빌면 이번 일은 그냥 눈 감아 주마'라는 의미로 들을 것이다. 즉 이 한 마디를 듣고 어떤 반응을 보이느냐에 따라 쉽게 범인을 찾아낼 수 있는 것이다.

또 하나 예를 들어보자.

요즘 들어 당신은 애인에게 다른 사람이 생긴 게 아닐까 싶어 밤잠을 설칠 정도이다. 물론 너무 예민하게 구는 것인지도 모른다고 생각하지만 어떤 방식으로든 정확히 사태 파악을 하고 싶다. 그렇다고 대놓고 물었다가는 일이 더 꼬일 것 같아 걱정스럽다. 이럴 때도 멀티플 임플리케이션 카드를 꺼내들면 문제를 쉽게 해결할 수 있다.

● ● ●

나 (지나가는 말투로) 어제 뭐 재미있는 일이라도 있었어?(MI)

애인 아니, 별로. 자기는?

나 나도 그냥 그렇지 뭐.

● ● ●

전혀 찔릴 것이 없는 애인이라면 당신의 말이 '뭐 좀 재미있는 일 없을까?' 하는 잡담으로 밖에 들리지 않는다. 따라서 "아니, 별로"라며 심드렁하게 대답한 것이다. 하지만 정말 어제 딴 사람과 시간을 보낸 사람이라면 어떨까?

● ● ●

나 (지나가는 말투로) 어제 뭐 재미있는 일이라도 있었어?(MI)

애인 어? 왜?

나 그냥, 무슨 일 있었나 해서.

애인 별로. 아무 일도 없었는데.

● ● ●

그냥 지나가는 잡담쯤으로 넘겨버리면 될 것을 "어? 왜?" 하면서 방어적인 자세를 취하고 있다. 이쯤 되면 자연스럽게 'Yes'나 'No'로 대답할 수가 없다. 그도 그럴 것이 상대에게는 당신의 질문이 일상적인 잡담이 아니라, '오늘 좀 이상하네'라는 의미로 들릴 테니 말이다.

일말의 가책도 느낄 일이 없는 사람은 "아니, 별로"라고 대답한 다음 "자기는?" 하고 묻는 것이 보통이다. 반면에 뭔가 찔리는게 있는 사람은 가능하면 화제를 다른 쪽으로 돌리고 싶어 하기 때문에 "자기는?"이라고 물어볼 수가 없다. 알아두어서 손해 볼 것 없는 테크닉 아닌가?

멀티플 임플리케이션이랑 놮자!

잠시 쉬었다 갈 겸, 멀티플 임플리케이션을 응용한 놀이 하나를 소개하려고 한다. 몰래 숨겨놓고 나 혼자만 즐기고 싶지만, 독자 여러분에게 보너스를 드리는 심정으로 큰 맘 먹고 공개하는 것임을 알아주시기 바란다. 나도 가끔씩 분위기를 띄워보려고 몇 번 시도해 보았는데, 제대로만 되면 옆에서 구경하고 있던 사람들조차 탄성을 내지를 만큼 신통방통한 놀이다.

나 그냥 가벼운 심리 테스트예요. 제가 '동물'이라고 할 때 순간적으로 떠오르는 동물을 마음속으로 그려보세요.

상대 오케이!

나 그 동물의 형상을 그려보면서 마음속으로 이름을 중얼거려 보세요. 예를 들면… 코끼리, 코끼리, 코끼리… 이런 식으로 반복해서요.

상대 아, 알았어요.

나 어떤 감정이 솟아오르나요?

상대 글쎄요. 강하면서도 힘찬 느낌?

나 그것이 바로 지금 당신에게 가장 필요한 것을 상징하고 있는 거예요.

예를 들어 상대가 '사자'를 떠올렸다면 대충 이런 대화가 될 것이다. 분명히 말하지만 이것은 이렇다 할 근거가 없는, 좀더 솔직히 말하면 엉터리 심리 테스트다. 심심풀이 삼아 해보는 심리 테스트라는 것이 다 그렇고 그렇지 않던가.
하지만… 만약 상대가 정말 '코끼리'를 상상했다면 이야기는 전혀 달라진다.

나 그냥 가벼운 심리 테스트예요. 제가 '동물'이라고 할 때 순간적으로 떠오르는 동물을 마음속으로 그려보세요.

상대 오케이.

나 그 동물의 형상을 그려보면서 마음속으로 이름을 중얼거려 보세요. 예를 들면… 코끼리, 코끼리, 코끼리….

상대 (깜짝 놀라는 표정) …

나 (미소를 지으며)…코끼리, 코끼리, 코끼리… 그렇구나. 지금 '코끼리'를 상상하고 있었죠?

상대 우와~ 굉장하다! 어떻게 알았어요?

상황이 이렇게 전개되면 "예를 들면 코끼리…"라는 당신의 말은 단순한 '예를 들면'이 아니라, '나는 당신이 지금 코끼리를 상상하고 있다는 것을 알고 있어요'라는 뜻으로 들린다. 그리고 상대의 표정에 마음을 들켜버렸다는 놀라움과 탄성이 배어나온다. 당신은 그 순간을 놓치지 말고 의미심장하게 옅은 미소를 짓는다. 마치 '모든 것을 다 알고 있다'는 분위기로 말이다.

믿기지 않으면 한 번 테스트해보시라. '코끼리'를 맞추는 순간, 상대가 놀라는 반응은 당신이 상상하는 것 이상일 것이다. 비단 그것뿐 아니라 독심술(讀心術)을 가진 사람이라는 강렬한 이상을 심어줄 수도 있으리라.

실제로 테스트를 해보면 사람들이 '코끼리'를 상상할 확률이 꽤 높다. 통계적으로 "동물하면 제일 먼저 떠오르는 것은?" 하고 물으면, '코끼리'라고 대답하는 사람이 가장 많다고 알려져 있기 때문이다(이때 생각할 시간을 줘서는 안 된다. 어디까지나 직관으로 선택하게 하는 것이 요령이다).

동물 외에도 재미있는 소재는 얼마든지 있다.

"제일 먼저 생각나는 '색깔'은?" 하고 물으면 '빨강색'을 떠올리는 사람이 많다.

"유럽에 있는 나라는?" 하고 물으면 '이탈리아'를 가장 많이 생각한다.

"채소 하면 떠오르는 것은?" 하고 물으면 '당근'이 가장 많다.

그럼 "꽃 하면 생각나는 것은?" 하고 물으면 단연코 '장미'가 압도적으로 많다.

이런 놀이를 통해 멀티플 임플리케이션과 타이밍 훈련을 할 수 있다. 꼭 한 번 시도해서 사람들을 깜짝 놀라게 해보시라. 엄청난 파워를 경험할 수 있을 것이다. 단 이런 테크닉과 놀이 등은 이 책을 읽는 독자 여러분과 나만의 비밀로 묻어두기 바란다.

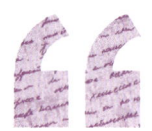

콜드리딩 고급편 **극비6**

상대의 기억을
감쪽같이 지워버리는 기술

드디어 꼭꼭 숨겨두었던 콜드리딩 최후의 비밀을 공개할 시간이다. 정말 이 기술만큼은 무덤까지 짊어지고 가고 싶었다. 그만큼 이 기술은 '마법'이라고밖에 달리 표현할 말이 없기 때문이다. 콜드리딩을 전문적으로 구사하는 사람들에게도 이 기술은 '최강의 비밀 병기'로 통하고 있다.

뜸은 그만 들이고, 이제 털어놓겠다.

그 이름은 바로, '구조적 건망증(Structured Amnesia)'이다.

이것은 한마디로 '상대의 기억을 지워버리는' 것이다. 다시 말해 어떤 사람과 이야기를 나누는 동안 이 이야기와 관련된 모든 기억을 지워버리게 하는 것이다. 무엇보다 이야기를 나누다 내가 실수한 부분을 상대방의 머릿속에서 지워버리고 싶을 때, '구조적 건망증'을 구사하면, 상대는 이때까지 나눈 이야기가 완벽했다고 믿게 되는 것이다.

정말 가능한 일일까? 물론 가능하다.

하지만 최고의 기술이니 만큼, 누구나 쉽게 구사할 수 있다고 장담할 수는 없다. 자유자재로 능숙하게 구사하려면 상당한 노력과 연습이 필요하다. 그만큼 지금까지 다루어온 콜드리딩 테크닉 중에서 가장 고난이도를 자랑한다고 할 수 있다.

하지만 이렇게 어마어마한 결과를 초래할 수도 있는 기술이지만, 그 내용을 살펴보면 매우 간단하다. 일상생활 속에서 누구나 겪어온 경험들을 응용한 것에 지나지 않는다.

그렇다면 우선 '구조적 건망증'이라는 것이 어떤 것인지 알아보자.

당신은 지금 찻집에서 친구와 대화를 나누고 있다. 마침 종업원이 커피를 들고 왔다. 하지만 당신이 주문한 것은 홍차였다.

· · ·

나 어, 나는 홍차를 주문했는데….

종업원 어머, 실례했습니다. 곧 가져다 드리겠습니다!

나 아아, 됐어요, 됐어. 그냥 둬요. 커피도 괜찮은데요, 뭘.

종업원 하지만, 금방 가져다 드리면 되는데….

나 아니 괜찮아요. 그냥 커피 놓고 가세요.

종업원 그러시겠어요…. 정말 죄송합니다, 손님.

· · ·

그저 종업원이 안쓰러워서 그런 것뿐이었는데, 결국 당신은 친구에게 아주 속 넓은 사람이라는 인상을 심어줬다. 잠시 후 다시 친구와 이야기를 나누려는데, 조금 전까지 어떤 이야기를 했는지 전혀 기억이 나지 않는다. 누구나 한두 번쯤은 이런 경험을 해보았을 것이다.

또 다른 예를 들어보자.

출근하기 위해 전철역으로 가다가 집에 무언가를 놓고 왔다는 생각이 갑자기 들었다. 부리나케 집으로 되돌아가는데 마침 우편함에 편지가 꽂혀 있는 것이 눈에 들어왔다. 봉투를 뜯어보니 독일로 유학을 떠난 선배가 보낸 그림엽서였다. 반가운 마음에 단숨에 엽서를 읽어 내려가며 방안으로 들어서서 물건을 찾으려는 순간, '어? 내가 무얼 가지러 왔더라?' 아무리 떠올려도 생각이 나지 않는다. 길을 되돌아올 만큼 중요한 물건이었을 텐데 그만 깜빡 '잊어버린' 것이다. '나이가 들어서 그런지 요즘 들어 유난히 건망증이 심해졌단 말이야' 하고 볼멘소리를 해보지만, 순전히 나이 탓으로만 돌릴 수는 없다.

구조적 건망증은 이처럼 누구나 일상생활에서 겪는 '깜빡 잊는' 상황을 응용하는 테크닉이다.

물론 찻집에서 나누던 이야기나 집으로 다시 돌아와 찾으려 했던 물건 같은 것은, 조금만 생각해보면 금방 떠오르기 마련이다. 그러나 구조적 건망증에서는 '깜빡 잊어버리는' 상황을 의도적으로 계획함으로써, '두 번 다시 생각나지 않게' 할 수 있다는 것이 특징이다.

상대가 알아챌 수 없는 최면 사용법

구조적 건망증이란 순수한 의미의 최면요법 테크닉이라는 이야기를 했는데, 그렇다면 최면요법에서는 무엇을 겨냥해서 사람들을 '잊어버리게' 만드는 것일까?

예를 들어 다이어트 때문에 고민에 빠진 사람이 상담을 하러 왔다. "잠들기 전까지 비스킷에서 손을 뗄 수가 없어요. 배가 더부룩해질 정도가 아니면 허전해서 잠을 잘 수가 없어요. 그러면 안 된다는 걸 알면서도 유혹을 떨칠 수가 없어요. 어쩌면 좋죠?"

필자는 정말 심각하게 고민하고 있는 그녀의 이야기를 진지하게 들어주면서 중간에 이런 이야기를 들려준다.

"그거야 그렇지만 침대 위에서 과자를 먹는 정도야, 전철역 화장실에 쪼그리고 앉아 과자봉지를 바닥까지 털어가며 먹는 것보다는 훨씬 양호한 편인걸요."

다음 주, 그녀가 다시 상담을 하러 왔다.

• • •

필자 지난 일주일은 어땠나요?

내담자 그게 있잖아요, 참 이상해요.

필자 뭐가 이상하죠?

내담자 언제나처럼 침대 머리맡에 과자봉지가 있었는데도, 뭐라고 할까 묘한 위화감 같은 게 엄습하더라구요. 그래서 그런지 이번 주 내내 침대에서 과자를 먹은 적이 없었어요.

필자 우와, 도대체 왜 그런 위화감을 느꼈을까요?

내담자 저도 잘 모르겠어요. 그냥….

• • •

이 대화 내용이 이해가 되시는가?

다시 말해 그녀는 지난 주 치료 시간에 필자가 "침대 위에서 과자를 먹는 정도야, 전철역 화장실에 쪼그리고 앉아 과자봉지를 바닥까지 털어가며 먹는 것보다는 훨씬 양호한 편인걸요"라고 한 말을 완전히 잊어버리고 있는 것이다!

아니 엄밀하게 말하면 잊어버린 덕분에 필자의 말이 효력을 발휘한 것이다. 만약 필자가 한 말을 계속해서 기억하고 있었다면 그녀는 분명히 의식적으로 반발했으리라. '그렇게 말한다고 해서 내가 포기할 수 있을 것 같아요?' 하는 식으로.

그런 반발감이 잠재의식 속으로 스며들면 변화를 방해하는 쪽으로 작용하고 만다. 피아노 독주회를 갖는 피아니스트가 '내가 정말 잘할 수 있을까?' 하고 의식하면 할수록 연주가 제대로 안 되는 것과 마찬가지다.

완전히 잊어버리면 어떠한 반발도 없다. 따라서 아예 의식에서 지워버릴 필요가 있다. 의식의 방해를 받지 않고 잠재의식에 도달한 메시지는, 결국 '자기 자신의 생각'이 되어 되살아나는 것이다.

사람은 누가 시킨다거나 하면 반발하게 되어 있다. 하지만 자신 스스로 생각한 것에 대해 반발하는 사람은 없다. 따라서 '침대 위에서 과자를 먹는다는 건 아무래도 좀 그렇네'라는 생각을 아무런 저항 없이 있는 그대로 수용해버릴 수 있는 것이다.

최면요법에서는 의식의 방해를 단호히 거부한다. 따라서 '암시' 자체를 잊어버리게 함으로써, 잠재의식에서 일어나는 변화를 더욱 더 활성화 시키는 역할을 한다.

콜드리딩에서 구조적 건망증 활용하기

콜드리딩에서 활용하는 구조적 건망증은 최면요법과는 조금 성격이 다르다. 이야기가 주제에서 빗나가버렸거나, 적중하지 못했을 때 상대가 이 사실을 완전히 잊어버리게끔 하기 위해 사용한다는 뜻이다.
　자신의 실수를 상대의 머릿속에서 지워버리고, 적중한 부분만 강렬하게 각인시킴으로써, 이 이야기가 정말 믿을 만했다고 상대를 만족시킬 수 있다는 것이다.

　원래 어떤 이야기든 적중했을 때의 놀라움과 충격이 강하면 강할수록 틀린 부분은 금방 잊혀지는 법이다. 이야기가 빗나갔을 때 각인되는 강도가 훨씬 약하기 때문이다. 이에 관해서는 '선택적 기억'의 원리를 떠올려보기 바란다.
　하지만 구조적 건망증에서는 망각한다는 전제를 좀 더 강하게 설정해, 실수에 대한 기억을 적극적으로 잊어버리게 한다. 어쩌면 '잊어버리게 한다'는 표현보다 '두 번 다시 생각나지 않게 한다'는 말이 더 정확할지도 모른다.

사람은 처음 20분 만에 기억의 42%를 잊어버린다

예를 들어 새로운 영어 단어를 외웠다고 하자. 그 후로 며칠 동안 전혀 그 단어를 떠올리지도 않고 잠시 동안 아예 영어 공부 자체를 하지 않으면, 머지않아 외웠던 단어 전부를 잊어버리고 만다.

독일 심리학자 헤르만 에빙하우스(Hermann Ebbinghaus)에 따르면 "인간의 기억은 시간의 제곱에 반비례해 감소한다"고 하는데, 기억한 내용이 시간의 경과에 따라 어떻게 잊혀지는가를 나타낸 것이 바로 그 유명한 '망각곡선(忘却曲線)'이다.

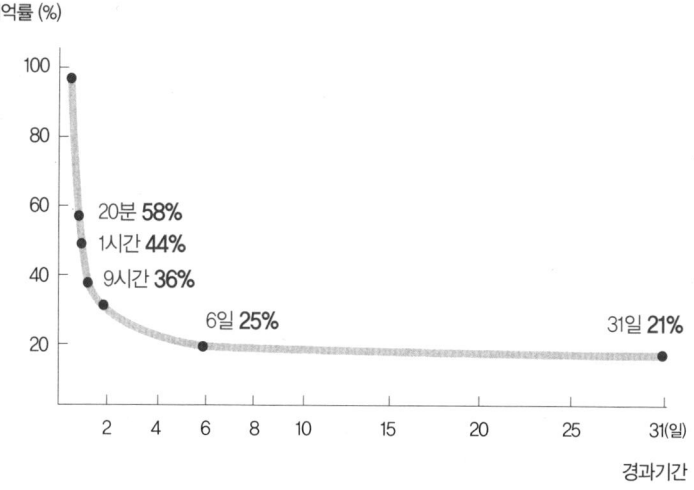

| 에빙하우스 망각 곡선 |

간단히 말하면 '인간이 잊어버리는 속도는 처음 10~20분이 가장 빠르고, 시간이 경과할수록 잊혀지는 속도가 차츰 더디어진다.'는 것. 처음 20분 동안에 무려 기억의 42%나 잊어버린다는 사실이다.

20분이 지나면서는 망각의 진행 속도는 점점 느려진다. 따라서 공부한 내용을 오랫동안 기억해두고 싶다면 공부한 후 20분 이내에 복습을 해야 한다. 그래야만 망각 속도를 효과적으로 제어해 기억 내용을 머릿속에 정착시킬 수 있다.

하지만 이 이론은 어디까지나 기억법의 관점에서 바라본 것이고, 지금 우리가 이야기하고자 하는 '잊어버리게 하는 기술' 입장에서 보면 결국 '기억하고 나서 20분 이내에는 절대로 복습시키지 말아야 한다'는 결론이 나온다. 다시 말해 '리딩이 빗나간 후 20분 동안은 그 실수를 떠올리지 않도록' 해야 하는 것이다. 그렇다고 시계를 갖다 놓고 무조건 20분을 지키라는 뜻이 아니라, 상대의 기억을 '지우려면' 적어도 '얼마 동안 떠올리게 하면 안 된다'는 뜻이다.

하지만 경험상으로도 그렇고, 내담자의 머릿속에는 자꾸만 아까 빗나갔던 그 부분이 빙빙 맴돌고 있다. '아까 그 이야기는 완전히 틀렸는데' 하는 생각이 가슴 한켠을 떠나지 않는다.

과연 이 위기를 어떻게 벗어날 것인가. 이 때 필요한 것이 바로 바로 구조적 건망증 테크닉이다. 이제부터 간단한 샘플 리딩을 통해 구체적인 방법을 살펴보자.

구조적 건망증의 샘플 리딩

우선 간단하게 샘플 리딩 한 가지를 살펴보자. 실제 콜드리딩은 이렇게 일사천리로 진행되기 힘들 뿐 아니라, 한 단계씩 밟아나가는 데도 상당한 시간이 걸리지만, 설명 포인트를 이해시키기 위해 편의상 간단한 대화상황을 준비했음을 양해하시기 바란다.

· · ·

콜드리더 맨 처음 선생님을 보았을 때의 인상은 본질적으로 자기 주관이 뚜렷한 분이라는 것입니다. 아무 근거도 없이 무조건 맹신하는 일도 없을 뿐더러, 그런 반면 이거다 싶으면 절대로 포기하지 않는 강한 신념의 소유자시군요.

내담자 (고개를 끄덕인다) …

콜드리더 어지간한 일에는 될 수 있는 대로 좋게 해결하려는 면도 있지만, 이것만큼은 절대로 양보할 수 없다는 생각이 들면 단호하게 끝까지 밀고 나가시죠.

내담자 (수긍하는 듯한 표정으로) 지나친 완벽주의일까요?

콜드리더 글쎄요. 방청소 같은 것도 평상시에는 귀찮아서 손도 까딱하지 않지만, 일단 한 번 시작했다고 하면 구석구석 손이 닿는 한은 철저하게 밀고 나가시는 편이로군요?

내담자 (빙그레 웃으며) 정확하게 보셨습니다. 솔직히 제가 융통성이 조금 없어요. 먼저 다니던 회사도 그런 부분에서 갈등이 생기고 결국에는 큰 싸움 끝에 사표를 낸 겁니다.

콜드리더 (고개를 끄덕이며) 하지만 선생님처럼 정확하고 완벽하신 분도 가끔은 헤맬 때가 있어요. 자신감 하나로 선택했지만 문득 과연 이 선택이 올바른 것일까 하는 걱정도 되고 가끔은 흔들리기도 하죠. 그럴 때는 누구라도 등을 다독여주었으면 싶잖아요. 선생님도 그런 경우가 있으실 텐데요.

내담자 네 맞아요. 지금 헤매고 있는 중이죠.

콜드리더 (고개를 끄덕이며) 그렇군요. 역시 인간관계 때문이겠죠?

내담자 (멍한 표정으로) 아뇨…. 인간관계는 그다지 문제 될 게….

콜드리더 하지만 설령 돈 문제라고 해도 깊이 들어가 보면 결국에는 사람이 얽혀 있을 수밖에 없지 않을까요?

내담자 그거야 그렇지만, 돈 문제도 별로….

콜드리더 회사를 그만두신 이유는 뭔가 납득할 수 없는 일 때문이었나요?

내담자 (깜짝 놀라며) 아, 예. 그때 제 바로 위의 상사가 아무런 상의도 없이 멋대로 일을 결정해버렸어요. 그것도 전혀 앞뒤가 맞지 않게 말이죠. 그 후로도 몇 번씩이나 같은 일이 벌어졌고, 결국 제 발로 걸어 나오고 말았어요. (웃음)

콜드리더 (동감한다는 듯 고개를 끄덕이며) 모든 사람들이 자기와 같은 가치관을 가졌으리라 제멋대로 판단해버리는 사람들이 의외로 많더군요. 선생님처럼 타인의 시각을 배려하는 분들이 볼 때는 도저히 용납할 수 없는 상사였겠어요.

내담자 바로 그겁니다. 그는 자신의 가치관이 전부라고 생각하는 사람이에요. 부하 직원들이 하는 이야기 따위는 아예 들으려고도 하지 않았거든요. 그때는 정말 스트레스 때문에 죽는 줄 알았죠. (웃음)

콜드리더 (끄덕이며) 정말 힘드셨겠네요. 얼마나 심각했는지는 정확히 모르지만, 그때의 영향으로 건강에 문제가 약간 생긴 것처럼 보이는데요. 짐작 가는 데 없으신가요?

내담자 (바싹 다가앉으며) 네. 실은 오늘 온 것도 그 문제로 의논을 좀 드리고 싶어서랍니다! 며칠 전 건강검진에서 작은 종양이 하나 발견됐거든요…. 병원에서는 하루라도 빨리 수술을 받아야 한다는데, 어떻게 하면 좋을지 답답하기만 하네요. 한창 일 할 시기라서 오랫동안 병원에 누워 있기도 그렇고….

. . .

자, 지금부터 이 샘플 리딩을 하나 하나 분해해가며 설명해보자.

상대의 스타일을 발견하기 위한 스톡 스필

이쯤에서 콜드리딩의 기본 단계를 다시 한 번 떠올려보자. 첫 번째 단계는 누구에게나 해당될 수 있는 무난한 스톡 스필을 구사해 이야기를 진행하고, 예스 세트를 구축하는 것이었다.

· · · ·

콜드리더 맨 처음 선생님을 보았을 때의 인상은 본질적으로 자기 주관이 뚜렷한 분이라는 것입니다. 아무 근거도 없이 무조건 맹신하는 일도 없을 뿐더러, 그런 반면 이거다 싶으면 절대로 포기하지 않는 강한 신념의 소유자시군요. (SS)

상담자 (끄덕인다) …

콜드리더 어지간한 일에는 될 수 있는 대로 좋게 해결하려는 면도 있지만, 이것만큼은 절대로 양보할 수 없다는 생각이 들면 단호하게 끝까지 밀고 나가시죠. (SS)

상담자 (수긍하는 듯한 표정으로) 지나친 완벽주의일까요?

콜드리더 글쎄요. 방청소 같은 것도 평상시에는 귀찮아서 손도 까딱하지 않지만, 일단 한 번 시작했다고 하면 구석구석 손이 닿는 한은 철저하게 밀고 나가시는 편이로군요? (SS)

상담자 (빙그레 웃으며) 정확하게 보셨습니다. 솔직히 제가 융통성이 조금 없어요. 먼저 다니던 회사도 그런 부분에서 갈등이 생기고 결국에는 큰 싸움 끝에 사표를 낸 겁니다.

콜드리더 (고개를 끄덕이며) 하지만 선생님처럼 정확하고 완벽하신 분도 가끔은 헤맬 때가 있어요. 자신감 하나로 선택했지만 문득 과연 이 선택이 올바른 것일까 걱정도 되고 흔들리기도 하죠. 그럴 때는 누구라도 등을 다독여 주었으면 싶잖아요. 선생님도 그런 경우가 있으실 텐데요. (SS)

· · ·

사람들은 대개 Me 타입과 We 타입으로 나눠진다. 더 정확히 말해 사람들은 이 두 타입으로만 나눠지므로, 상대를 어떤 타입으로 정하느냐에 따라 이야기가 달라진다는 것이다.

위 예는 내담자를 Me 타입으로 보는 화법을 구사하고 있다.

그렇다면 Me 타입과 We 타입은 어떻게 다른지 알아보자.

사람을 나누는 두 가지 타입

Me 타입, 자아실현의 카리스마

Me 타입은 '나'를 기준으로 생각하고 느끼고 행동한다. 자신의 개성을 확실히 지니고 있다. 냉정함, 냉철함, 주체적이다, 스스로 결정한 것을 확실하게 해나간다는 평을 받는 타입이지만, 반면에 이기주의적, 까다로운 성격, 차갑다, 무엇을 생각하는지 알 수 없다는 등 마이너스 인상을 주기도 한다.

많은 사람과 함께 시끌벅적하게 노는 자리가 불편하고, 자신의 마음에 드는 소수의 사람과 오랫동안 깊게 교제해나가는 타입이다. 평상시에는 말수가 적은 듯한 인상을 주지만, 자신의 전문분야에 대한 이야기가 나오면 말수가 많아진다. 애완동물을 그다지 좋아하는 편은 아니지만, 만일 키운다면 개보다는 고양이가 좋다.

무언가 전문분야를 추구해가는 듯한 스페셜리스트적인 직업을 가진 사람이 많고 또한 그런 직종에 적합하다. 연구자나 변호사, 기술자, 작가, 예술가, 의사라면 외과의가 좋을 것이다.

다시 말해 카리스마라고 하면 Me 타입이다. '카리스마 변호사'는 있어도 '카리스마 간호사'는 없다. 간호사는 We 타입적인 직업으로, '카리스마' 란 Me 타입이 지닌 속성이기에 친화성이 낮은 것이다.

Me 타입의 경우 직업에 관한 동기부여는 '자아실현'에 있다. '당신만이 할 수 있는 일이다.', '다른 녀석에게는 맡길 수 없다.' 등, 이렇게 자존심을 자극하면 동기가 올라간다. 반대로 '간단한 일이니까 잘 부탁해.'라는 식의 말은 오히려 의욕을 꺾어 버린다.

We 타입, 밝고 명랑한 박애주의자

We 타입은 '우리'를 기준으로 생각하고 느끼고 행동한다. 사귀기 쉽다, 붙임성이 좋다, 누구와도 친구가 될 수 있다는 등의 평가를 받는다. 사교적이고 모두로부터 사랑을 받지만, 나쁘게 말하면 자신의 의견이 없다, 타인에게 쉽게 영향을 받는다, 주체성이 부족하다, 감정의 기폭이 심하다는 단점도 있다.

또 분위기 파악을 못 한다거나 눈치가 없다는 평가를 받기도 한다. 그런 평가를 받게 되면 We 타입은 사람과의 거리감에 고민하게 된다. 조화를 소중하게 생각하는 We 타입이기 때문에 인간관계에서 고민이 많아지고 심각해져버리는 것이다.

We 타입은 교수나 간호사, 영업 등 사람과의 거리가 가까운 일에 종사하는 사람이 많다. 사람들과 함께 지내는 것을 좋아하고 곤란해 하는 사람에게 힘이 되어 준다거나, 남을 돕는 일을 좋아하고 그런 직업이 적합하다. 예를 들어 은행에 근무한다고 한다면 대도시 은행보다도 마을 신용금고 쪽이 더 어울린다. 애완동물은 고양이보다도 강아지 쪽. 그러나 동물은 전반적으로 다 좋아한다.

We 타입의 직업에 대한 동기는 '봉사'다. 우리들이 함께 있으니까 괜찮아, 네 덕분에 모두에게 도움이 될 거야 등의 말을 들으면 동기가 올라간다. 반대로 스스로 생각하고 해봐라고 맡기면 불안해지고 능력을 발휘할 수 없는 일이 많아지게 된다.

Me 타입과 We 타입을 구분하는 방법

Me 타입은 사람들과 함께 있을 때에 무의식적으로 상대를 자신의 왼쪽에 두고 싶어 한다. Me 타입에게 있어서는 자신의 왼쪽이 '긴장을 풀고 안심할 수 있는 방향'이기 때문에 그 쪽에 사람을 두고 싶은 것이다.

반대로 자신의 오른쪽은 '불안하고 긴장하기 쉬운 방향'이다. 그래서 오른쪽에 사람이 있으면 조금 긴장해버린다. 무서워하는 경우조차 있다. 그래서 오른쪽에는 사람을 두고 싶어 하지 않는다.

We 타입은 Me 타입과 반대로 상대방이 자신의 오른쪽으로 와주었으면 하고 느낀다. 그리고 왼쪽에 사람이 오면 안심할 수 없다. We 타입에게 있어서는 오른쪽이 안심하고 릴렉스할 수 있는 방향으로 마음을 여는 방향. 왼쪽이 '긴장하기 쉬운 방향', '불안정한 방향'인 것이다.

그렇다는 것은 두 사람의 내담자가 상담을 하러 왔을 때, 콜드리더를 기준으로 왼쪽이 Me 타입, 오른쪽이 We 타입이라는 것이 된다.

사람은 가방을 어깨에 멜 때 긴장하고 있는 쪽 어깨에 걸치는 경향이 있다. 그쪽에 가방을 드는 것으로, 자신을 지키려는 의식이 작용하는 것이다. 그래서 오른쪽 어깨에 가방을 들고 있다면 Me 타입, 왼쪽이라면 We 타입으로 판정할 수 있다. 가방에만 머무르지 않고 무언가를 들고 있을 때에는 자신의 '의식이 잠재되어 있는 쪽'에 들면 안심할 수 있는 것이다.

염좌 등의 상처가 나는 것도 Me 타입은 오른쪽이 많고 We 타입은 왼쪽이 많다. 서랍장 같은 데 발가락을 부딪치는 경우에도 Me 타입은 오른쪽 발, We 타입은 왼쪽 발이 잦다. 서 있을 때도 Me 타입은 오른쪽 발에 중심을 두고 We 타입은 왼쪽 발에 중심을 둔다.

윙크할 때 Me 타입은 오른쪽 눈을 감는다. '감는다'는 행위는 '긴장하고 있는 쪽'이기 때문이다. 그래서 윙크할 때 오른쪽 눈을 감으면 Me 타입, 왼쪽 눈을 감으면 We 타입으로 보면 된다.

걸을 때도 타입에 따라 어깨의 흔들림이 다르다. Me 타입은 오른쪽 팔 흔들림이 왼쪽 팔의 흔들림보다도 적다. 오른쪽 몸이 긴장하고 있고 오른쪽을 무의식적으로 경계하고 있기 때문이다. We 타입은 반대로 왼쪽 어깨의 흔들림이 적다.

기도할 때 양손을 모으고 손가락을 깍지를 끼면 Me 타입은 오른쪽 엄지손가락이 위로 온다. We 타입은 왼쪽 엄지손가락이 위로 온다. 무의식적으로 깍지 끼고 있는 손 모양을 관찰하면 타입을 구별할 수 있다.

이것은 조금 놀라운 이야기일지도 모르지만, Me 타입과 We 타입은 가마의 회전이 반대다. Me 타입은 위에서 봐서 시계방향으로, We 타입은 시계반대방향인 경향이 있다. 그러므로 앞머리의 가르마 방법을 보면 타입을 알 수 있다. 가마의 흐름, 즉 머리카락의 흐름에 따라 가르마를 나누면 Me 타입은 왼쪽 이마가 나오고 We 타입은 오른쪽 이마가 나오게 된다. 물론 머리형태 등은 얼마든지 자유로이 바꿀 수 있기 때문에 그것만으로 판단할 수는 없지만, 하나의 관찰 포인트는 된다.

이처럼 Me 타입과 We 타입은 그 특징이 마치 거울에 비친 듯이 반대다. 이제까지 설명한 타입을 구분하는 포인트는 모든 상황에 꼭 들어맞는다고는 할 수 없다. 어느 타입의 특징이 더 많이 들어맞는지로 판단해주길 바란다.

이렇듯 신체적, 정신적인 특징이 Me와 We로는 완전히 대립되는 극단에 있다는 사실을 알 수 있을 것이다. 예를 들어 Me 타입을 알 수 있다면 We 타입은 그 반대라고 생각하면 된다. 그래서 기억하는 것도 간단하고 바로 대화에 활용할 수 있을 것이다.

물론 완전한 Me 타입이라든가 100% We 타입이라 말하는 사람은 없다. Me 타입에게도 We 타입스러운 부분이 있고 그 반대도 마찬가지다. 두 가지 타입 사이에는 무수한 그라데이션이 있는 것이다.

하지만 첫 대면에서 대화를 시작할 때 완전한 억측에서 시작하기보다도 우선은 Me 타입인지 We 타입인지 파악함으로써 실수할 위험성을 절반으로 줄일 수 있다.

앞서 이야기했듯이 이 부분에는 전면적으로 Me 타입을 상대로 하는 '스톡 스필'을 활용하고 있다. 콜드리더의 의도대로 역시 상대방은 긍정적으로 반응한다. 이런 분위기를 계속 이어나가면서 상대에게 믿음을 심어줄 수 있다.

물론 다행히 첫 단계에서도 이야기는 콜드리더가 의도하는 대로 흘러가는 것 같다. 그렇다면 이제 상대방의 고민과 상담 내용이 어떤 카테고리에 속하는지 파악할 차례가 되었다.

카테고리를 찾아라

다음 단계로 넘어가 보자.

・・・

내담자 네 맞아요. 지금 헤매고 있는 중이죠.

콜드리더 (끄덕이며) 그렇군요. 역시 인간관계 때문이겠죠? (SQ)

내담자 (멍한 표정으로) 아뇨…. 인간관계는 그다지 문제될 게….

콜드리더 하지만 설령 돈 문제라고 해도 깊이 들어가보면 결국에는 사람이 얽혀 있을 수밖에 없지 않을까요?(ZO)

내담자 그거야 그렇지만, 돈 문제도 별로….'

・・・

예기치 않게 이 단계에서 콜드리더는 상대의 고민이 무엇인지 알아채지 못하고 이야기는 궁지에 몰린 듯하다.

앞에서 사람들의 고민은 대개 '돈, 목표, 인간관계, 건강' 네 가지 중 하나라고 배웠다. 우선 콜드리더는 '인간관계' 쪽으로 이야기를 걸어본다. 아마 상대방의 인상으로 보아 그 부분이 가장 타당하다고 판단했기 때문이리라. 또한 대부분의 문제라는 것들을 파고들어가 보면 어떤 형태로든 인간관계가 얽혀 있기 마련이라서, 나름대로는 안전한 카테고리 설정이라고 볼 수 있다.

　대화 내용을 유심히 살펴보면 알겠지만 여기에서는 '서틀 퀘스천'을 사용하고 있다. 사실은 노골적으로 "인간관계가 고민이십니까?"라고 묻고 싶었겠지만 그렇게 들이댔다가는 이야기를 진행해나갈 수 없는 노릇이다. 필경 '그 정도도 못 맞추다니' 하며 반발할 게 분명하다.

　그래서 의문문 형태가 아닌 "인간관계 문제로군요"라는 보통 문장으로 운을 뗀 다음, 찬찬히 상대의 반응을 살핀다. 하지만 안타깝게도 상대방은 '인간관계'는 문제될 게 없다고 반응한다.

　그 순간을 놓치지 않고 "하지만 설령 돈 문제라고 해도 깊이 들어가 보면 결국에는 사람이 얽혀 있을 수밖에 없지 않을까요?" 하면서, '인간관계'라는 의미를 확대해석 해본다. 이것이 바로 '줌 아웃'이다.

　또한 그대로 있다가는 아무래도 어물어물 넘어가려 한다는 인상을 남길 것 같아 걱정이 되었을 것이다. 그래서 '물론 돈 문제라는 것은 진작 알고 있었지만' 하고 과감하게 승부수를 던져본다. 상대방의 분위기로 봐서 인간관계가 아니면 돈 문제밖에 없다고 확신한 걸까.

　하지만 이 양반, 오늘은 정말 안 되는 날이었나보다. 두 번째 리딩도 보기 좋게 퇴짜를 맞고 말았다.

　일순간 상대방의 얼굴에 불신감이 약간 번지기 시작했다. 이 상태에서는 줌 아웃으로 확대해석을 고집하는 것도 무리인 듯싶다. 더 이상 물러설 곳이 없는 상담자는 드디어 비장의 무기를 꺼내든다. 자신이 설정한 카테고리에 관한 대화 자체를 완전히 '기억에서 지워 버리게' 하는 작전이다. 자, 드디어 구조적 건망증의 등장이다!

시간을 되돌려라

자신의 실수를 상담자의 뇌리에서 완전히 지우고 싶을 때, 실수를 저지르기 이전으로 화제를 돌려버리는 것. 이것이 바로 구조적 건망증의 어마어마한 비밀이다. 방금 전에 이런 대화가 오고갔다.

• • •

콜드리더 글쎄요. 방청소 같은 것도 평상시에는 귀찮아서 손도 까딱하지 않지만, 일단 한 번 시작했다 하면 구석구석 손이 닿는 한은 철저하게 밀고 나가시는 편이로군요?(SS)

내담자 (빙그레 웃으며) 정확하게 보셨습니다. 솔직히 제가 융통성이 조금 없어요. 지난번에 다니던 회사도 그런 부분에서 갈등이 생기고 결국에는 큰 싸움 끝에 사표를 낸 겁니다.

• • •

"큰 싸움 끝에 사표를 낸 겁니다"라는 화제로 '시간을 되돌려'버리고, 그 이후로는 '마치 아무 일도 없었다는 듯' 싸우고 사표를 냈던 시점에서 이야기를 이어가면 어떨까. 다시 말해 이렇게 전개해보는 것이다.

· · · ·

콜드리더 하지만 설령 돈 문제라고 해도 깊이 들어가 보면 결국에는 사람이 얽혀 있을 수밖에 없지 않을까요?

내담자 그거야 그렇지만, 돈 문제도 별로⋯.

콜드리더 회사를 그만두신 이유는 뭔가 납득할 수 없는 일 때문이었나요?(SA)

내담자 (깜짝 놀라며) 아, 예. 그때 제 바로 위의 상사가 아무런 상의도 없이 멋대로 일을 결정해버렸어요. 그것도 전혀 앞뒤가 맞지 않게 말이죠. 그 후로도 몇 번씩이나 같은 일이 벌어졌고, 결국 제 발로 걸어 나오고 말았어요. (웃음)

콜드리더 (동감한다는 듯 고개를 끄덕이며) 모든 사람들이 자기와 같은 가치관을 가졌으리라 제멋대로 판단해버리는 사람들이 의외로 많더군요. 선생님처럼 타인의 시각을 배려하는 분들이 볼 때는 도저히 용납할 수 없는 상사였겠어요.

내담자 바로 그겁니다. 그는 자신의 가치관이 전부라고 생각하는 사람이에요. 부하 직원들이 하는 이야기 따위는 아예 들으려고도 하지 않았거든요. 그때는 정말 스트레스 때문에 죽는 줄 알았죠. (웃음)

・ ・ ・

이야기가 순식간에 건너뛰는 바람에 순간 상대방은 당황해 한다. 앞에서 잠시 언급했던 패턴 인터럽션 때문에 잠시 가벼운 혼란상태에 빠졌기 때문이다. 그는 잠시 동안의 이 심리적 공황에서 벗어나 끊겼던 생각의 흐름을 되찾으려 하고, 동시에 두뇌회전에도 가속이 붙는다. 그 결과 간신히 '싸움을 하고 회사를 그만 두었다'는 시점으로 기억을 되돌려 놓았던 것이다.

콜드리더는 '싸움 끝에 회사를 그만 두었다'는 화제를 가능한 한 장황하게 그리고 최대한 감정을 살려서 이어가야 한다. 상대는 아직도 그 날의 흥분이 가라앉지 않았기 때문에 할 말이 많은 상태다. 진지하게 들어줄 사람만 있다면 한 동안 이 이야기에서 헤어 나오기 힘들 것이다.

그 정도면 기억하고 싶지 않은 '실수'를 상담자의 의식 속에서 뚝 떼어낼 수 있으리라. 구조적 건망증의 어마어마한 비밀을 충분히 맛보았는가!

실수 같은 건 애초에 없었다

이쯤에서 내담자는 콜드리더에게 완전히 휘둘리게 된다.

· · · ·

내담자 바로 그겁니다. 그는 자신의 가치관이 전부라고 생각하는 사람이에요. 부하 직원들이 하는 이야기 따위는 아예 들으려고도 하지 않았거든요. 그 때는 정말 스트레스 때문에 죽는 줄 알았죠. (웃음)

콜드리더 (끄덕이며) 정말 힘드셨겠네요. 얼마나 심각했는지는 정확히 모르지만, 그 때의 영향으로 건강에 문제가 약간 있는 것처럼 보이는데요. 짐작 가는 데 없으신가요?

내담자 (바싹 다가앉으며) 네. 실은 오늘 온 것도 그 문제로 의논을 좀 드리고 싶어서랍니다! 며칠 전 건강검진에서 작은 종양이 하나 발견됐거든요…. 병원에서는 하루라도 빨리 수술을 받아야 한다는데, 어떻게 하면 좋을지 답답하기만 하네요. 한창 일 할 시기라서 오랫동안 병원에 누워있기도 그렇고….

· · ·

이제 카테고리 탐색전을 재개해보자. 인간관계나 돈 문제는 아니라는 것을 알았으니, 남은 거라고는 '꿈(목표)' 아니면 '건강' 둘 중에 하나일 것이다.

상사와 싸우고 회사를 나온 사람이라면, 적어도 자신의 꿈이나 목표에 대해 다른 사람과 진지하게 상담을 할 타입은 아니다. 그렇다면 '건강'에 관한 고민이 틀림없다는 결론이 나온다.

게다가 서틀 퀘스천을 구사하고 있기 때문에, 혹시 또 다시 빗나간다고 해도 얼마든지 빠져나갈 수 있다.

・・・

콜드리더 (끄덕이며) 정말 힘드셨겠네요. 얼마나 심각했는지는 정확히 모르지만, 그 때의 영향으로 건강에 문제가 약간 있는 것처럼 보이는데요. 짐작 가는 데 없으신가요?

내담자 아니요. 특별히 짐작 가는 건 없는데요. 아직은 건강에 자신 있거든요.

콜드리더 그래도 본인도 모르는 사이 무리할 수 있답니다. 건강에 자신이 있으시더라도 정기적으로 검진을 받도록 하세요. 선생님께서는 아이들처럼 다소 저돌적인 면이 있으셔서 말이에요.

내담자 (웃으며) 네. 그러겠습니다.

콜드리더 자, 그럼 이제 본론으로 들어갈까요. 선생님의 인생 목표라고 해야 하나… 아, 그렇지. 꿈 또는 방향성이라고 하는 게 좋겠군요. 지금 그런 부분에서 갈피를 못 잡고 계시는군요?

내담자 (바싹 다가앉으며) 바로 그겁니다! 제가 오늘 찾아뵌 것은 제 인생의 목표에 관해서 이야기를 좀 나누고 싶어서죠. 실은…

...

건강도 아니라면 남은 건 꿈(목표)뿐이다. 그쯤 되면 과감하게 말을 꺼내도 빗나갈 위험은 없다.

시간과 노력이 필요한 구조적 건망증 활용

구조적 건망증의 진행과정을 비유하면, TV 드라마 중간 중간 흘러나오는 광고 같은 것이다. 한창 분위기가 무르익어가는 장면에서 광고가 나오고, 광고가 끝나면 곧바로 가슴 졸이게 하던 그 장면이 이어진다. 즉 시청자의 의식은 광고가 나오기 직전으로 '되돌아가 있는' 것이다. 따라서 드라마를 보는 동안에는 광고 같은 건 완전히 잊어버린 상태다.

하지만 어쩌면 이것은 광고를 시청자들의 잠재의식 속에 판박이 해놓기 위한 전략인지도 모른다. 기억에서 지워버리는 것과 동시에 잠재의식에 살짝 메시지를 보내 놓는다고나 할까(앞에서 언급했듯이 의식적인 망각은 잠재의식에 직접적으로 영향을 미치기 때문이다).

의도적이지는 않다고 해도 결과적으로 보면 스폰서의 제품을 잠재의식에 각인시키는 효과가 있다는 것만큼은 확실하다.

사실 비밀로 하고 싶은 이야기가 있는데, 필자 역시 책이나 세미나 강연 등을 구상할 때 이 구조적 건망증 테크닉을 자주 사용하는 편이다. 특히 독자나 세미나 참가자들의 '잠재의식' 속에 무언가 직접적으로 메시지를 전하고 싶을 때, 전혀 티 나지 않게 이 트릭을 시도한다.

물론 이 테크닉이 필자만의 전매특허는 아니다. 그리고 애써 구조적 건망증 같은 테크닉을 공부하지 않아도, 어느 정도 센스 있는 사람이라면 경험을 통해 자연스럽게 익힐 수도 있으리라.

얼마 전에 어떤 사람의 프레젠테이션을 들을 기회가 있었다. 한창 좋은 분위기에서 진행되고 있는데 느닷없이 취미 고약한 사람이 '끼어들어서는', 진행자를 추궁하듯 몰아세우는 것이 아닌가. 하긴 남의 말꼬리를 잡으면서 물고 늘어지면 자신이 위대해보이는 줄 아는, 마음이 가난한 사람들이 참 많은 세상이다. 그 순간 분위기가 썰렁해졌다.

그런데 이럴 수가! 걱정했던 것과 달리 그 고약한 사람보다 진행자가 한 수 위였다. 트집에 가까운 질문에 친절히 답변을 한 그는 잠시 틈도 주지 않고 '끼어들기'를 당하기 직전으로 시간을 돌려버리는 것이었다. 그 절묘한 숨고르기 타임과 구조적 건망증 구사 능력을 보며 혀를 내두를 수밖에 없었다. 그곳에 모인 사람들의 의식이 '무례

한 이방인의 끼어들기'에서 완전히 자유로워지는 순간이었다.

  프레젠테이션이 끝난 후 필자는 너무 감탄한 나머지 냉큼 달려가 명함을 주고받으며 소감을 이야기했다. 그 역시 '오랜 시간 경험으로 터득해 몸에 배인 요령이 이제는 사람들에게 하나의 테크닉으로 받아들여지다니, 실로 감개무량하군요'라며 감동 어린 표정을 지었다.

  구조적 건망증은 콜드리딩을 펼치는 현장뿐만 아니라 비즈니스는 물론 일상생활에 이르기까지 모든 인간관계에 응용할 수 있는 전천후 테크닉이다.

• • •

- 경솔한 말 한 마디 때문에 바이어의 반감을 사고 말았을 때
- 오래 전에 사귀었던 애인의 이름이 무심결에 튀어나오는 바람에 그녀의 태도가 냉랭해졌을 때
- 한 마디 말 실수로 한창 무르익던 분위기가 썰렁해졌을 때

• • •

등등. '아, 내가 괜한 말을 했네' 하고 가슴을 치며 후회했던 장면들이 손으로 꼽을 수 없을 만큼 많았을 것이다. 그 말을 하기 직전으로 돌아가고 싶은데…, 과거를 다시 쓰고 싶은데… 하시는 분들, 살다보면 얼마든지 그럴 수 있으니 너무 자책하지 말기 바란다.

물론 100% 완벽한 효과를 장담할 수 없을 뿐더러, 이런 식의 문장 몇 줄 만으로는 구조적 건망증 속에 숨겨진 섬세한 호흡법과 타이밍 맞추기 전략을 온전히 전달할 수 없다는 사실이 안타까울 뿐이다. 또한 이 기술이 이 책에서 소개한 테크닉들 중에 가장 파격적이고 활용하기 어려운 것도 사실이다.

그러나 마치 마법과도 같은 효과와 위력을 한 번이라도 경험한다면, 시간과 노력을 투자해 습득해볼 만한 가치는 충분하다고 자신한다.

High Class | 상대의 마음을 사로잡는 그 밖의 기술

금지된 것으로 유혹하라
절대로 하지 말라고 하면 반드시 한다!

칼리굴라 효과 (Caligula Effect)

하지 말라고 하면 오히려 더 하고 싶어지는 인간의 심리. 사람의 마음을 움직이는 열쇠가 되기도 한다. 아담과 이브가 금단의 열매를 따먹은 것처럼 인간은 누구나 이러한 심리를 가지고 있다. '절대로 하면 안돼!'라고 하면 더 하고 싶어진다. '해서는 안 된다'라는 강한 의식이 작용해 오히려 '해보고 싶다'는 욕망으로 표출되는 것이다.

1980년 미국 동부의 보스턴에서 〈칼리굴라〉라는 영화가 상영금지된 적이 있었다. 폭군으로 유명한 로마 황제 '칼리굴라'의 잔학함을 그린 영화로, 폭력과 정사장면이 너무 사실적으로 묘사되어 있다는 것이 상영금지 이유였

다. 그런데 상영금지 소식이 전해지자마자 사람들은 다른 도시로까지 가서 이 영화를 봤다고 한다. 금지된 것이 매력적으로 보이는 심리 때문이었다. 미국의 심리학자 애쉬모어는 실험으로 칼리굴라 효과를 증명하기도 했다.

 콧대 높고 거절을 잘하는 여성에게 남자들이 매력을 느끼는 것도 이러한 효과가 작용한다. 일반적인 대화에서 '비밀이야'라고 하면 사람들은 반드시 그 이야기를 듣고 싶어 한다. 그리스 신화처럼 '절대로 돌아보지 마라'는 화법을 구사한다면 상대를 돌로 만들어 버리듯 상대의 마음을 사로잡을 수 있을 것이다.

역자 후기

마력의 커뮤니케이션, 콜드리딩의 문이 열린다

당신이 만약 신년운세를 보러, 혹은 사랑하는 사람과의 궁합을 알아보기 위해 점술가(혹은 XX도령, XX보살 등)를 찾아갔다고 가정해보자. 물론 냉철한 이성과 똑 부러지는 논리력의 소유자인 당신은 점술가가 어떤 말을 한다 해도 흔들리거나 영향받지 않으리라고 다부지게 결심을 했다.

하지만 처음의 다짐은 점술가의 단 한마디에 눈 녹듯이 녹아버린다. 당신 앞의 점술가는 마치 모든 것을 다 알고 있기라도 한 듯이 "요즘 인간관계가 어려우시지는 않으세요?"라며 슬그머니 이야기의 물꼬를 트는데, 아니 이게 어찌된 일인가? 꼬이고 얽혀 괴로웠던 인간관계들이 10년 동안 쌓아두었던 체기가 올라오듯이 갑작스럽게 마구 떠오르는 것이다. 깜짝 놀란 당신은 고개를 끄덕이며 "어머나! 그걸 어떻게 아셨어요?" 하고 되묻는다. 자신만만해 했던 당신 역시 이미 콜드리더에게 말려들기 시작한 것이다.

  인류가 탄생한 이래로 동서고금을 막론하고 '말'의 중요성이 하찮게 평가된 적은 단 한 번도 없었을 것이다. 일상생활은 물론이고 마케팅, 영업, 광고, 서비스 등 모든 비즈니스의 승패는 결국 '말의 진검승부'에 달려 있다고 해도 과언이 아니다. 그래서 '말', 더 나아가 '커뮤니케이션'은 아침에 눈 떠서 저녁에 눈 감을 때까지 인간의 모든 것을 표현하고 지배하는 것이라고 할 수 있다.

  이 책은 이미 일본에서 '콜드리딩 신드롬'을 만들어내며 엄청난 화제를 불러 모았던 책이다. 기존에 나왔던 '커뮤니케이션 기술' 혹은 '화술', '대화법'에 관한 책들이 단순히 따뜻하고 친절한 말, 칭찬, 배려 등 예쁘고 착한 정서에만 기대하는 데 그치는 반면, 이 책은 점쟁이처럼 언어를 구사해서 내 이야기를 듣는 사람을 모조리 내 편으로 만드는 놀라운 방법을 알려주고 있다. 대동소이한 내용 일색이었던 화술 책들과 비교해본다면 그런 점에서 이 책은 굉장히 획기적이고 차별화된 책이라고 할 수 있다.

  그도 그럴 것이, 이 책은 상대의 마음을 사로잡는 기술들, 즉 고객을 컨트롤하는 법, 상대의 잠재의식을 조종하는 법, 왜 사람들이 얼토당토않은 말에 홀리는지를 알려준다. 'NO'를 원천봉쇄하는 법이나 자신감 부족이 들통 났을 때 능청맞게 이겨내는 법까지 나와 있다. 누구나 할 수 있는 콜드리딩 기본 5단계를 마스터한 후 일상생활에서 활용할 수 있는 다양한 콜드리딩 기법을 익힌다면 당신도 누구 못지않은 콜드리더가 될 수 있다. 게다가 실전편에서는 영업, 서비스, 판매부터 취업, 면접, 사교모임, 회의, 프레젠테이션, 거절하는 방법, 이메일과 전화통화 방법까지 상대방을 내 편으로 만드는 모든 커뮤니케이션 스킬을 총망라하고 있다.

역자로서 이 책을 번역하면서 재미있었던 부분은 실생활에서 당장 써먹을 수 있는 몇 가지 쉬운 방법들이었는데, 예를 들어 '가방을 메지 않은 방향에 대고 인사하라. 그 사람의 마음의 입구는 바로 그 방향이다'라든가 '이메일을 쓸 때 상대의 이름을 마음으로 되뇌어보라'와 같은 것이었다. 콜드리딩 기법을 제대로 마스터해서 활용할 수 있다면 실수를 대박으로 바꿀 수도 있고, 어떤 거짓말도 거뜬히 꿰뚫을 수 있다고 하니 정말이지 놀랍고도 획기적인 커뮤니케이션 스킬이 아닌가? 두루뭉술한 대안이 아니라 직접적인 스킬을 알려주니 보면 볼수록 신기하고 재밌었다. 애인의 바람기를 잡아내는 언어 트릭도 소개되어 있으니 그것도 한번 시도해보면 좋을 것 같다.

이 책이 인간관계와 비즈니스를 비롯해 연애와 교육에 이르기까지 커뮤니케이션이 필요한 모든 상황에서 올바른 목적으로 훌륭하게 활용되길 바란다. 들어가는 글에서 저자가 밝힌 것처럼 상대방을 속이거나 거짓말을 무마하는 것, 혹은 누군가를 곤경에 빠뜨리기 위한 나쁜 의도로 사용되는 일은 없어야 하겠다. 종교창시자, 점술가, 심령술사, 최고의 카운슬러 등 세계 인구 중 1%만 구사했다는 최고의 화술, 콜드리딩을 우리나라에 소개하게 되어서 무척 기쁘게 생각한다. 역자 개인적으로 매우 새롭고 신선한 경험이었다.

김윤희

부록

상대의 마음을 사로잡기 위해
알아두어야 할 용어

이 책에 나오는 용어

1부

콜드리딩 Cold Reading
: 신뢰관계를 만들어가는 기술이자 상대의 마음을 사로잡는 기술이다. 콜드리딩을 하는 사람을 콜드리더라고 한다. 콜드리더는 상대에 대해 아무것도 모르는 상태에서 상대의 속마음을 간파해내어 자신을 완벽하게 믿게 할 수 있다.

멘탈리스트 Mentalists
: 정신적인 힘이 강한 사람. 상대의 심리를 해킹하는 사람. 날카로운 정신적 추측, 제안(암시)을 하는 사람. 상대방의 생각과 행동을 통제할 수 있는 심리 전문가.

쇼 비즈니스 Show-Business

: 비즈니스에 쇼를 접목한 사업 형태. 통상 연예공연업을 말한다.

마인드 컨트롤 Mind Control

: 자기 자신의 정신 상태를 관리하고 제어하는 일. 상대의 마음, 생각, 행동, 감정, 결정 등을 제어하는 심리적 전술.

데몬스트레이션 Demonstration

: 특수한 공개방송이나 공개실험. 스폰서가 되려는 사람이나 광고대행사를 위해 견본으로 TV프로그램을 특별히 제작 연출하는 것.

서틀티 Subtlety

: 신비·불가사의·미묘. 의식이 미처 손 쓸 틈도 없도록 아무런 느낌도 없는 상태. 지나치게 미묘해서 자연스럽게 지나쳐버리는 상태. 고객의 욕구를 또렷하게 꿰뚫어보고 결국 그것을 밖으로 이끌어낼 수 있는 커뮤니케이션 달인들이 자유자재로 구사하는 기술.

현재의식 現在意識 Consciousness

: 감각기관을 통해 보고 듣고 느끼는 위식. 한다, 안한다, 좋다, 나쁘다 등의 이성적 판단과 결정. 표면적인 마음에서 일어나는 생각.

잠재의식 潛在意識 Subconsciousness

: 본래부터 선택이나 분석력이 없어 암시를 잘 받는다. 속마음에서 일어나는 생각. 의식이 접근할 수 없는 정신의 영역, 또는 우리들에게 자각되지 않은 채 활동하고 있는 정신세계.

더블 바인드 Double Bind

: 이중구속. 서틀티의 한 예로서의 언어트릭. 상대가 'NO'라고 말하지 못하게

하는 기술. 원래는 한 사람이 둘 이상의 모순되거나 서로 용납되지 않는 방법으로 해석될 수 있는 메시지를 전하고, 그 메시지를 받은 사람은 그 모순에 대한 결과나 응답을 할 수 없는 일종의 자가당착적 의사전달을 말한다.

라포르 Rapport
: 구체적인 의도나 계획이 없어도 서로 마음이 통하는 정신감응을 말함. 나부터 편안한 마음가짐으로 상대를 대해, 상대도 나를 친근하게 여겨 마음을 열게 만드는 기술. 주로 두 사람 사이의 상호신뢰관계를 나타내는 심리학 용어로도 쓰인다.

미러링 Mirroring
: 반사 · 반영. 마치 거울을 보는 것처럼 상대와 똑같이 행동하는 것.

매칭 Matching
: 조화 · 걸맞음. 커뮤니케이션 기법에서 미러링과 같은 뜻으로 쓰인다.

컨그루언시 Congruency
: 일치 · 조화. 커뮤니케이션에서 말투나 목소리 톤, 표정과 몸짓 등의 모든 요소가 전혀 모순되지 않게 동일한 영역에 두는 것.

타임 미스디렉션 Time Misdirection
: 시간을 약간 당기거나 늦추어서 상대방의 주의를 다른 곳으로 옮기는 방법.

2부

스톡 스필 Stock Spiels
: 누구나 자신의 일처럼 느끼게 하는 화술. 스톡 스필을 들으면 그 일은 모두 내 일인 것 같고, 모두 다 나에게 해당하는 것 같이 느껴진다.

예스 세트 Yes-Set
: 상대방의 이야기에 긍정적으로 반응하고 싶어지는 기분을 만드는 기술. 계속해서 긍정의 대답이 나올만한 질문을 던지다가 마지막에 원하는 질문을 던져 상대에게 'Yes'를 받아낸다.

캐널리제이션 Canalization
: 물길 내기. 어떤 현상 따위가 주어진 환경조건에 의해 정해지고 그 과정에 따라 특정방향으로 진행하는 형태. 같은 말을 여러 번 반복해 자연히 그 방향으로 흘러가도록 조건이 형성되도록 하는 기술.

핫리딩 Hot Reading
: 콜드리딩과 정반대의 개념. 상대의 정보를 최대한 파악해 마치 마음을 읽는 것처럼 가장하는 기술.

줌 인 Zoom In
: 축소하기. 상대의 반응에 대해 단어가 가진 의미를 축소하는 것.

줌 아웃 Zoom Out
: 확대하기. 상대의 반응에 대해 단어가 가진 의미를 확대하는 것.

서틀 네거티브 Subtle Negatives

: 부정의문문을 사용해 'Yes'나 'No' 어떤 것으로 대답해도 결국 모두 맞춘 것으로 몰고 가는 화법.

서틀 퀘스천 Subtle Question
: 상대에게 뭔가를 질문하고 있다는 사실을 전혀 의식하지 못하도록 분위기를 조장한 상태에서 질문을 해나가는 기술.

서틀 프리딕션 Subtle Predictions
: 미래를 예언했다고 믿도록 하는 트릭. 실현되면 적중했다고 인정을 받고, 그렇지 않더라도 빗나갔다고 할 수 없는 것이 그 원리이다.

선택적 기억 Selective Memory
: 의식에 강하게 각인된 기억만 남고, 그 이외에 무가치하다고 판단되는 것에 관해서는 그것을 보거나 들었다는 사실조차 잊어버리는 원리를 가리키는 용어.

3부

마음의 입구
: 사람의 마음에 들어가는 문. 사람에게 다가설 때 거부감 없이 받아들일 수 있는 신체의 방향.

미디엄 Medium
: 매개물·중간물·영매(靈媒). 점술가들이 점을 칠 때 사용하는 손금, 타로카드, 주역, 수정, 룬스톤(Runestone), 펜듈럼(Pendulum. 진자振子), 별자리 같은 다양한 형태의 영매를 가리킨다.

4부

다이나믹 포킹 Dynamic Forking
: 예측이 틀렸을 때 상대가 눈치 채지 못하게 대화의 방향을 자연스럽게 바꾸는 기술. 속임수 내지는 얼버무리는 것. 대화 상대가 듣고 싶어하는 이야기를 해야 성공할 수 있다.

관념운동 Ideomotor Action
: 의식적으로는 어떤 반응도 하지 않으리라고 안간힘을 쓰는데, 나도 모르게 마음이 움직여 몸이 반응해버리는 상태. 본인의 의식과는 전혀 상관없이 마음 속 생각에 따라 근육이 움직이는 모든 것.

패턴 인터럽션 Pattern Interruptions
: 형식 파괴. 상식적으로 진행되는 이야기에서 벗어나 노골적으로 스스럼없는 분위기를 조장해 상대의 주의를 끄는 방법.

멀티플 임플리케이션 Multiple Implications
: 복합적 함의. 똑같은 말도 듣는 사람의 입장에 따라 달리 해석된다는 점을 이용하는 기술.
멀티플 임플리케이션을 구사할 때 가장 중요한 것은 바로 '아무 말 하지 않아도 다 알고 있다'는 분위기다. 그러면서도 뭔가 정확히 콕 집어서 이야기하지 않는 것이다.

구조적 건망증 Structured Amnesia
: 상대의 기억을 지워버리는 것. 어떤 사람과 이야기를 나누는 동안 이 이야기와 관련된 모든 기억을 지워버리게 하는 것. 이야기를 나누다 실수한 부분을

상대방의 머릿속에서 지워버리고 싶을 때 구사하면, 상대는 이때까지 나눈 이야기가 완벽했다고 믿게 된다.

콜드리딩의 이해를 돕는 용어

이중성향 Ambivalance
: 겉으로 드러나는 자신과 반대되는 마음속에 있는 또 다른 자신. 인간의 마음에 모순되는 양면성.

앵커 Anchor
: 옛날의 감정이 생생하게 되살아나게 하는 자극.

바넘효과 Barnum Effect
: 사람들이 보편적으로 가지고 있는 성격이나 심리적 특징을 자신만의 특성으로 여기는 심리적 경향. 포러(Bertram Forer)가 성격 진단실험을 통해 처음으로 증명한 까닭에 '포러효과'라고도 한다.

인지부조화 Cognitive Dissonance
: 우리의 신념 간에 또는 신념과 실제로 보는 것 간에 불일치나 비일관성이 있을 때 생기는 것. 인지부조화가 일어나면 행위나 인지의 변화를 통해 부조화를 줄이려고 한다. 이는 인간은 합리적인 존재가 아니라 합리화하려는 존재임을 말한다.

노 세트 No-Set

: 예스 세트의 반대로, 상대 안의 부정적인 방향성을 역이용하는 방법. 상대가 마음껏 'No'를 외치게 유도해 상대를 이끄는 힘.

서브리미널 효과 Subliminal Effect

: 특정한 메시지가 잠재의식에 영향을 끼쳐 인간의 의식이나 행동 등에 변화를 일으키는 심리효과.

트랜스 Trance

: 무언가에 푹 빠져서 다른 것이 보이지 않게 되는 상태.

콜드리딩

초판 1쇄 발행 2012년 11월 20일
초판 31쇄 발행 2025년 3월 31일

지은이 이시이 히로유키
옮긴이 김윤희

발행인 윤승현 **단행본사업본부장** 신동해
편집장 김예원 **디자인** 엔드디자인
마케팅 최혜진 이인국 **홍보** 반여진 허지호 송임선
국제업무 김은정 김지민 **제작** 정석훈

브랜드 엘도라도
주소 경기도 파주시 회동길 20 웅진씽크빅
문의전화 031-956-7353(편집) 031-956-7089(마케팅)
홈페이지 www.wjbooks.co.kr
인스타그램 www.instagram.com/woongjin_readers
페이스북 https://www.facebook.com/woongjinreaders
블로그 blog.naver.com/wj_booking

발행처 ㈜웅진씽크빅
출판신고 1980년 3월 29일 제406-2007-000046호

한국어판 출판권 © ㈜웅진씽크빅 2012
ISBN 978-89-01-15220-2 03320

엘도라도는 ㈜웅진씽크빅 단행본사업본부의 브랜드입니다.
이 책은 저작권법에 따라 보호받는 저작물이므로 무단 전재와 복제를 금지하며,
이 책 내용의 전부 또는 일부를 이용하려면 반드시 저작권자와 ㈜웅진씽크빅의 서면동의를 받아야 합니다.

* 잘못된 책은 바꾸어 드립니다.
* 책값은 뒤표지에 있습니다.